U0010747

用心調養你的情緒溫度！

七情
心療法

結合東方七情與西方心理、精神醫學……
所歸納出的情緒治療方法

陳淵渝 —— 著

中西醫結合醫學博士
精神科專科醫師・中原大學心理系助理教授

晨星出版

目次 » CONTENTS ──────────

04
CHAPTER
中西結合心談夢／153

05
CHAPTER

中西結合心保養／173

推薦序 ▶

　　淵渝是我在中國醫藥大學指導的博士班學生，畢業時榮獲中國醫藥大學中西醫結合研究所最佳研究生獎，更因投入社會公益工作傑出表現，於 107 年度得到桃園市家庭暴力性侵害及性騷擾防治工作有功人士表揚。

　　淵渝同時具備中醫師及精神科專科醫師資格，學貫中西，長期照護身心疾患的患者，經過 20 年的臨床實務經驗及相關研究，結合傳統中醫醫學，重視精氣神的全人理念，及兼顧西方精神醫學，重視生物心理社會的全方位模式之現代心理學的知識。

　　淵渝融會貫通整理這本中西醫結合心理學的專書，值得有興趣的讀者及專業醫護人員臨床應用，對全人身心照護有更深入的了解，裨益實務工作，提升全方位身心照護服務品質。誠為難能可貴，值付梓出版前夕，特為文推薦！

林昭庚教授

中國醫藥大學講座教授
中央研究院院士

我的中西結合心醫學之路

　　我生長於一個中醫家庭，家父及祖父均是中醫師，大學就讀中國醫藥大學中西醫學系，畢業後在因緣巧合之下，我走進精神醫學的領域，當我開始動筆寫這本書已經是擔任精神科醫師的第二十年了。

　　在我求學時代的中醫或西醫訓練課程中，大多是環繞著疾病的病理層面、鑑別診斷與治療等，主要學習如何治癒身體的病痛，很少提及心靈層面。直到走進精神醫學的領域，我開始對心理與生理層面的相互影響有更進一步的了解。在精神醫學訓練初期，很幸運的接受衛生福利部心理及口腔健康司司長諶立中（時任國軍桃園總醫院主任）的教導，他不只給我生物、心理及社會層面的概念，還有對於中西醫結合的認同，以及持續的給我支持與鼓勵，讓我對精神醫療的視野更為廣闊。

　　訓練過程中，由於我對心理治療特別感興趣，好奇的去學習許多不同的心理治療課程，其中周勵志醫師（向日葵全人發展協會創會理事長）及吳就君教授（華人伴侶與家族治療學會創會理事長）讓我在個別心理治療與家族心理治療上有更深的理解與運用。

二〇一〇年，我重新回到中國醫藥大學中西醫結合研究所就讀，在中國醫藥大學教授林昭庚教授的指導下，讓我有機會從更高的思維角度來看中西醫結合精神醫療，也完成了一些中西醫結合治療的創新研究。博士畢業後，在中原大學心理系授課的過程中，不僅僅是教授學生心理治療相關課程，對我來說，最大的收穫是在教學中不斷的反思與整理自己的內心。

　　回顧我過往的習醫旅程，似乎一直都沉浸在中醫、西醫與心理治療的領域中，於是開始想要整理並分享自己對於中西醫結合心理學的想法。這本書記錄了我這二十年來中西醫結合心旅程的心得。

　　深知無論在中醫界、精神醫學界及心理學界都有很多優秀的前輩專家學者，相信一定會有許多不同的想法及寶貴建議。但自己知道，凡事有正反陰陽兩面，不需要把自己放在一個完美一百分的角色。我自己也常鼓勵求助個案，要先傾聽自己真實內心的聲音，並勇敢面對人生的挑戰。我發現自己在學習與臨床實務工作的過程中成長，且藉由不斷地與人接觸，能量自然會增加。這樣的經驗及內在對話，也讓我自己在思緒停頓及面對逆境時，能重新燃起能量，快樂勇敢的繼續動筆撰寫。

　　感謝過去曾在醫院、學校、社區、協會曾接觸過的老師、同事、學生、個案、助人夥伴及朋友們，讓我的心靈及知識更加成長，也希望這本書能讓有興趣的讀者，獲得不同思維與收穫。

中西結合心醫學

　　兩千多年前,《黃帝內經》書中提到:「上醫治未病,中醫治欲病,下醫治已病。」一直以來,民眾對中醫的第一個印象就是「養生」,有所謂「藥補不如食補」,因此中醫有許多教導民眾的養生書籍,教導包括吃哪些「五色」食物可以養五臟,哪些藥膳或自我保健穴位可以養生等方法,目的都是增強體內免疫功能的抗病能力,保持機體的陰陽平衡,扶正祛邪,達到預防疾病的目標及促使身體康復。但在臨床實務中,時常看到求診個案吃了一堆中西藥及營養食品,精神狀態依然不好。

　　當食補藥補效果不佳時,就要想到「心補」。也就是說,與其一味的尋找神醫以獲得更好的神藥或補品,不如先從精神層面去補養!**食補不如心補**,有句話說:「下醫治病,中醫治人,上醫治心。」無論在中醫或西醫的學習過程中,常常看到不同醫師開一樣的藥,但病患的順從度及治療反應卻有極大的不同,或許這就是上醫有治到心的差別吧。

　　這本書不專談中西醫要用那些藥物、針灸、穴位按壓或是食物藥

膳來治療精神心理症狀或疾患，而是聚焦在**情志養生**。我嘗試將我所學的中醫、西方精神醫學與部分心理學知識做個結合。由於西方在精神醫學方面的知識發展完整以及心理治療學方面的理論學派眾多，我選擇以中醫的角度出發，結合西方精神醫學與部分心理治療學的概念，**期許在中醫、西醫與心理治療學之間做個小橋梁，透過精氣神調養身、情志調節調養心的觀點，達到中醫真正養生的全人目標。**

　　書的內容分為五個部分，**第一章是中西結合心觀點：從中醫、西醫及心理學角度來看情緒及情緒對身體的影響。第二章談中西結合心療法：**歷代以來有很多優秀的中醫師運用心理療法來幫病人治「心病」，但似乎沒有辦法出現像西方心理治療學那般的完整治療理論架構，因此我好奇的**整理過去歷代中醫家的心理治療經驗，結合現代心理學的部分知識及自己的臨床經驗，歸納出「七情療法」，**讓不同領域的助人工作者，能對東西方不同理論背景的心理治療有多一點的認識。**第三章談中西結合心關係：從中西醫結合心理取向來談健康的家庭關係、人際關係與職場關係。第四章講中西結合心談夢：從夢的生理病理談到心理學，以及中醫對夢的理解。第五章談中西結合心保養：從中西醫結合心理取向來談壓力的情志流動與健康關係，及介紹如何運用此觀點保養自己身心與助人。**

　　中醫醫療文化傳承已久，當然不是只有保養身體。中醫傳統的情志理論，可以幫助人有更好的情緒調節能力，同時也讓身體五臟有更好的功能表現。這本跨中西醫學結合心理學的書，相信能讓有興趣的讀者，對全人身心照護有多一點了解；而對於不同的專業助人工作者，也能因此對不同領域的心靈照護，有更多的認識。

中西結合心觀點

認識情緒

　　情緒是什麼呢？「情緒」指的是因為外在環境變化或內在身體狀況所引起的主觀心理狀態。可能代表了感覺、心情以及情感，大多時候被用來指稱在特定情境下所產生的正負向的感受；常見正向感受，如喜、愛；負向感受，如哀、驚、恐等，也有一些較複雜細膩的情緒，如嫉妒、慚愧、羞恥、自豪等。當人因為過大壓力，除了會引發個體的主觀情緒感受外，同時在生理上也會出現內分泌系統及神經系統的變化，例如憤怒時，心跳與血壓會升高，這稱為情緒引發的生理反應；若是因為情緒因素所產生的特別行為變化，稱為**情緒性行為反應**，例如一生氣就出現摔東西的行為。

　　今天的情緒溫度是幾度呢？我們每天都會注意當天的氣候、溫度是多少，但你有注意到自己今天的情緒溫度是多少嗎？有的人一早起床情緒溫度冷冰冰，有人一整天情緒溫度熱呼呼，也有人整天情緒溫度變化很大，就像天氣溫度忽高忽低一樣。天氣溫度的高低會直接影響我們的生活、心情以及穿著。情緒跟我們的生活也息息相關，而且是雙向的；一早情緒莫名低落，會影響當天生活對任何事物的態度與興趣，當天遇到的任何事件，也會影響情緒的表現。大多數人覺得，生活在溫度適中的環境比較舒服，其實適度的溫度變化，也會增強身體的免疫力。

　　未來是充滿人工智慧的世界，但即使是具備高度智慧的機器人，也無法像人類一樣擁有獨一無二的情緒感受，所以，有無情緒，可說

是人類與機器人最大的區別，也是宇宙萬物給予人類最特別的禮物。

　　有情緒不好嗎？遇到事情有情緒是正常的，沒有不好。好、不好取決於我們是否能辨識情緒、消化情緒以及表達情緒。辨識情緒是從情緒中瞭解自己，消化情緒是要照顧自己，表達情緒是要分享自己。**而情緒的表達跟口語表達有密切相關。**

　　小時候常聽到大人說「囝仔人有耳無喙」（小孩子有耳無嘴），表面上的意思是指小孩不應該發表自己的意見，只需順從大人的命令就好；正面解讀是希望能訓練小孩聽話的能力，在大人講話的場合中，練習聽懂對方所要傳達的意思，並仔細思量自己想說的話，拿捏說話的時機；不僅是練習察言觀色，還得深思熟慮，以免禍從口出。但大部分小孩聽到這句話時，會覺得大人是要自己閉嘴，不要表達出真實的感受與想法，其實，大人的目的只是要小孩順從，並控制當下的情境而已，但小孩會因此出現許多壓抑的情緒，導致這句話真正能傳達的正面解讀意義，少之又少。由此可知，在我們的成長中，很少被教導如何好好的辨識、消化與表達各種情緒。

面對情緒三部曲

辨識情緒

每個人隨時都可能因為任何事件產生情緒。當情緒產生時，可以先「停」一下，調節呼吸，平靜下來後先接受自己任何的情緒，再去辨識一堆或一個主要情緒中，是否潛藏著其他不同的情緒。就像是吃一道美食，不要狼吞虎嚥，而是先含在口中，細細品嘗，分辨有什麼味道。

消化情緒

辨識過程中，開始思考這些情緒背後可能的成因為何？例如生氣的情緒，可以自問以下問題：

1. 我生氣的起因是因為……（事件）
2. 這事件會讓我生氣的原因，是因為我覺得……（認知）
3. 這事件還會讓我想起過去……（與過去相似經驗比對）
4. 這事件與過去類似經驗的異同……（區別過去與現在經驗的異同）
5. 生氣對我的正面及負面影響是……（情緒對自己生理與心理的影響）

表達情緒

在辨識及消化情緒之後，再來就是表達內心的感受，但好的溝通不只是表達自己的感受，還要在適當的情境下與對方溝通，同時要尊重對方感受，也就是要接受對方不一定認同自己的想法。我們只是表達感受想法，而非要說服對方，更不能是如果對方不認同自己，就情緒激動。

例如：

1. 當你做了……（事件）時，我會想到……（認知），我同時感覺到……（內心感受）。
2. 即使我們的想法不同，會讓我產生……的感受（情緒），但我能了解你的想法，也希望你能了解我的想法。

♥ 七情五志

中醫理論中談到「七情五志」，**七情包括「怒、喜、思、悲、恐、憂、驚」**，七種情緒，其中「悲、憂」屬一類，「恐、驚」屬一類，**五志包括「怒、喜、思、悲、恐」**，七情與五志在內容上看似有些重複，但「志」還有個意思指的是意志、志向及心志，會受到顯意識、潛意識、記憶、認知思維及腦神經功能所影響。

《黃帝內經》提到：「任物者，謂之心；心有所憶，謂之意；意之所存，謂之志；因志而存變，謂之思；因思而遠慕，謂之慮；因慮而處物，謂之智。」這段話是說，一個人能承擔處理事物，要先有心，一旦有心才會產生意念。將想承擔處理事物的意念存在心中，便是志，生活中能有些成就的人，通常都有堅強的意志；但有意志還不夠，還要有能變通的能力，增加對事物更完整的思考，與長遠發展的深謀遠慮，最後以此狀態來待人處事，才稱為「智」。

人類身為地球上最有智慧的生物，就在於遇到壓力事件時，有堅強意志來改變生活困境，累積智慧來創造新生活。為了更清楚的分別情志與情緒，後續我將情志的「情」，定義以情緒為主，「志」就是針對一個人從有心思考，然後出現堅定意志，最後達到智慧處事的過程；這會直接影響「情」的調節表現。動物也會有情緒，但人類與其他動物的最大區別，就是在「志」的能力。動物遇到危險情境時，一旦產生恐懼或憤怒情緒，通常只有迎戰或逃跑的反應，但人因為有「志」的能力，所以能在危險情境中，冷靜思考並參考過去經驗，選擇出最適當的決策，這當然也會受到當下腦功能差異的影響。

無論是古今中外，人的情緒類型都有許多不同的種類，至今沒有

統一的說法，我在右頁表列歸納出東方理論以及近代西方心理學家常提到的情緒的種類，西方心理學中常見的情緒，如憤怒、快樂、恐懼、悲痛、難過、驚訝，可對應到中醫理論的怒、喜、恐、悲、憂、驚。而其他如鄙視、厭惡、罪惡感等情緒，則不在中醫的七情之中，或許是因為這些情緒較為複雜，而且牽涉到東方的社會文化認知等因素的影響。

東方文化強調中庸之道，凡事以和為貴，不鼓勵挑戰權威，不鼓勵表達負面情緒，遇到挫折通常以忍為上，久而久之，形成情緒上較為壓抑的習慣。這些鄙視、厭惡、罪惡感之類的情緒並不是不存在，只是在書本中比較少談。在中醫理論中則大多是提到了「思」，「思」本身涉及到認知思考，也包括思慮過度時所產生的思念，甚至焦慮不安的情緒。

♡ 過度抑制負面情緒，適得其反

東方文化強調以和為貴，談的是中庸之道，《中庸》說：「喜、怒、哀、樂之未發，謂之中；發而皆中節，謂之和。」其中談的「和」，指的就是人的各種情緒，都能符合節制，就是平和、和諧的狀態。現今社會習慣將情緒分為「正面情緒」與「負面情緒」，一般認為正面情緒及正向思考有助身心，但要注意避免習慣用過度理智化的方式，去壓抑負面的情緒。在傳統的東方家庭互動上，時常會見到抑制負面情緒的家庭規則。

我在學校進行諮商時，曾遇到一些有情緒困擾又不知如何表達的學生，從他們身上發現，他們的父母在教養過程中，常過度強調正能

東方理論及近代西方心理學家的情緒種類

	出處	種類
東方	中庸	喜、怒、哀、樂
	呂氏春秋	喜、怒、哀、恐、擾
	儒家	喜、怒、哀、懼、愛、惡、欲
	佛教	喜、怒、憂、懼、愛、憎、欲
	中醫	喜、怒、憂、思、悲、恐、驚
西方	伊札德 Izard	anger（憤怒），contempt（鄙視），disgust（厭惡），distress（悲痛），fear（恐懼），guilt（罪惡感），interest（興趣），joy（快樂），shame（羞辱），surprise（驚訝）
	格雷 Gray	rage（憤怒），terror（恐怖），anxiety（焦慮），joy（快樂）
	湯姆金斯 Tomkins	anger（憤怒），interest（興趣），contempt（鄙視），disgust（厭惡），distress（悲痛），fear（恐懼），joy（快樂），shame（羞辱），surprise（驚訝）
	普拉奇克 Plutchik	acceptance（贊同），anger（憤怒），anticipation（預見），disgust（厭惡），joy（快樂），fear（恐懼），sadness（難過），surprise（驚訝）
	艾克曼 Ekman	anger（憤怒），disgust（厭惡），fear（恐懼），joy（快樂），sadness（難過），surprise（驚訝）

量與正面情緒，而不允許出現負面情緒，從小不斷灌輸子女要有信心，凡事都要用積極正面的態度面對人生逆境；聽起來很正面、也很正確，但卻無形中抑制了子女表達負面情緒的自由，一旦子女在日後遇到更大的生活挫折時，就會不知如何適當地表達負面的情緒，同時也不敢跟家人表達，因為那樣只會造成更大的身心壓力。

從小長期抑制負面情緒可能會影響一個人的人格特質，創立**辯證行為治療**（Dialectical Behavior Therapy）的瑪莎・林納涵博士（Marsha Linehan）在一九九三年提到，家庭教養中有一些互動模式可能會產生**無效能環境**（Invalidating Environment），這些模式包括：不準確的回應情緒感受、錯誤的歸因、過於簡化的解決問題，以及抑制負面情緒。而孩童長期在無效能環境中成長，可能與邊緣性人格特質的發展有關聯。

♥ 情緒的陰陽面

《黃帝內經‧素問‧天元紀大論》說「人有五臟，化五氣，以生喜、怒、思、憂、恐」，指的是人體內的五臟皆藏有氣，這五種氣可以化為五種情緒，這些情緒應該都是中性的，正常的。舉例來說，一般生活中，我們習慣將憤怒視為較不好的情緒，總覺得待人處事應避免衝突。但「怒」真的不好嗎？那倒不一定。

在中醫理論中只說怒是正常的情緒之一，大怒才會傷肝，所以我想避開正負情緒的分法，傾向把中醫談的五個情緒，分為「情緒陽性面」跟「情緒陰性面」。

「情緒陽性面」是指，該種情緒對人的身心或後續的行為，比較有增加正能量的反應；**「情緒陰性面」**是指，該種情緒長期對人的身心或後續的行為，比較會有降低能量的反應。在身心健康的情緒流動狀態，情緒陰性面終究是會轉到情緒陽性面的，如同漫漫長夜總會度過，隔天太陽總會升起；但若處在較嚴重的精神心理疾病狀態，就會像一直處在黑暗的環境中，那麼就需要藥物或心理等治療，協助將情緒的陰性面，轉向對自己較有正面能量的陽性面。

中華文化在古代的用字總是傾向執簡馭繁，通常會用短短的詩詞或字來傳達意思，到了近代社會則比較喜歡用詞，中醫理論中也是如此，例如中醫談「怒」，現在人會說生氣、憤怒、煩躁等，我把現代常用的情緒用詞與中醫七情的陰陽面，做個大略的分類如下：

七情

陽性面		陰性面
積極、激憤、激昂、鬥志……	怒	仇恨、憎恨、敵意、仇視、可恨、痛恨、暴怒、不爽、煩躁、敵視、可惡、厭惡、惱火、惱怒、氣憤……
喜悅、喜歡、開心、快樂、愉快、高興、舒服、幸福、爽快、甜蜜、怡然……	喜	狂喜、起笑、入迷、自傲、狂妄、激動、貪戀、著迷、高傲、自大……
思考、思量、沉思、反思、思念、計畫……	思	焦慮、掛念、憂慮、擔心、煩惱、反芻、強迫意念、過度思念……
慈悲、憐憫、可惜、同情、同理……	悲憂	悲傷、憂愁、悲慘、悲哀、悲痛、傷心、難過、痛心、心酸、沮喪、失落、寂寞、孤單、消沉、氣餒、厭倦、疲累、失意……
警惕、謹慎、驚訝、羞怯……	驚恐	恐懼、驚慌、膽怯、懼怕、驚嚇、心慌、恐慌、自卑、氣餒、愧疚……

以上只是大概的分類，在實際生活上通常會出現混合性的情緒，例如一位患有憂鬱症的個案可能內心藏有「悲」＋「恐」的情緒，也可能藏有「怒」＋「思」＋「悲」的情緒。所以**當我們遇到有情緒障礙的個案時，要嘗試化繁為簡，將個案複雜的情緒透過傾聽、澄清及同理的過程，找到個案最核心的情緒。**

 ## 「沒情緒」的真實面目

在我的實務會談經驗中，還有一種很常見的回答，就是個案說「沒情緒」。真的有沒情緒嗎？人是有感情的動物，又不是機器人，或許在短暫時刻內會出現沒情緒的狀態，但若時常出現「沒情緒」的狀態，可能要注意是否暗藏有更多種不同的情緒。

- **第一種「沒情緒」**：個案壓抑了強烈情緒，例如我有一個小學生個案，在奶奶的陪同下前來求診，原因是孫子目睹母親在家上吊身亡後卻沒有情緒反應，且未出現悲傷、流淚等強烈的情緒，所以奶奶很擔心。這種沒情緒的反應，要注意是否有重大的創傷事件，導致個案試圖將無法接受的情緒事件壓抑至潛意識下，因此在意識上無法察覺。
- **第二種「沒情緒」**：可能是內心有太多較低強度的情緒無法區別，或是因為某些原因，例如成長經驗或生理因素，導致無法用適當的言語表達情緒。
- **第三種「沒情緒」**：可能會出現在習慣用超理智的方式來思考與溝通的人身上，這種人給人的感覺是情緒穩定，看似十分可靠，但卻容易有距離感，因為無形中會時常忽略了自己與他人

之間的真實內心感受。

人最理想的情緒狀態，應該是以平和中帶「喜」為主。「喜則氣緩」，也就是情緒是緩和流動的，非起伏變動，而且大多時間內心平和，能坦然面對日常生活遇到的瑣事，並以輕鬆淡定的態度面對壓力逆境，能欣然接受任何的結果，達到處變不驚、怡然自得的境界。

即使如此，在某些時刻，也會短暫出現其他的情緒，例如遇到不義或挫折之事會「怒」，遇到煩惱之事會「思」，遇到親人離世會「悲」，遇到突發事件或災難會「恐」，但這些情緒總是能在較短的時間內，從該情緒的陰性面轉至陽性面，不會出現情緒鬱結的情形，大多時間是處於恬靜愉悅狀的態，情志調節得宜，不易被外界環境影響情志。這才是中醫情緒養生的最高境界，也就是達到「恬淡虛無」的層次。

情緒對身體的影響

中醫理論認為，人的情緒變化是由臟腑機能活動而來，以五臟的功能為基礎，如果臟腑功能異常，不僅會改變人對外在刺激的感受，也會影響情緒的表現，例如肝陽亢盛的患者，很容易因受到一點點刺激就發怒，這說明了臟腑與情緒的關係。

一八八四年，美國哲學及心理學家威廉·詹姆士（William James）曾發表一篇關於情緒的文章，文中觀點認為，情緒體驗主要是身體變化造成的，當時丹麥心理學家卡爾·蘭格（Carl Lange）也發表了相似的理論，因此被稱為「詹姆士—蘭格理論」，主張當身體（生理）產生變化時，我們感受到的這些變化，就是情緒。

這些西方心理學家的想法跟中醫理論相似，不過中醫理論更重視系統以及整體觀，將五種情緒活動與五種臟腑相對應，而形成「臟象學說」，藉此說明人的情緒活動，以臟腑生理為基礎，也就是**心**的對應情緒為**喜**，**肝**的對應情緒為**怒**，**脾**的對應情緒為**思**，**肺**的對應情緒為**憂**，**腎**的對應情緒為**恐**。**思屬脾土**，脾土居中央主四方，所有的情緒都跟思有關聯，但整體的情緒活動還是會受到心神，其實就是腦神所支配調節。

也就是說，當人受到刺激時，會受到心神（腦神）的調節，使得五臟產生變動，因而產生不同的情緒反應。《黃帝內經·素問·靈蘭秘典論》提到「心為君主，主明則下安」，指的是若是一個人的心神（腦神）安定，也就是身心健康，精神穩定，即使身心受到環境的刺激，仍會有很好的調節適應能力，不會產生強烈的情緒波動。

情緒活動與五種臟腑相對應關係

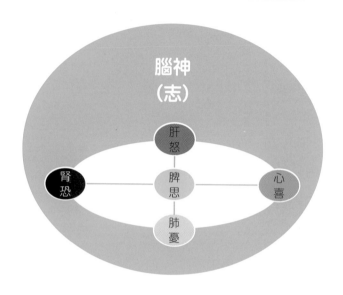

情緒與疾病的對應關係

　　《黃帝內經‧素問‧陰陽應象大論》也指出「怒傷肝、喜傷心、思傷脾、憂傷肺、恐傷腎」即說明，情緒對人的臟腑不同的部位都有影響。一方面，情緒變化可能導致特定疾病；另一方面，某些疾病可能也會導致情緒變化，例如中風後的情緒變化等。

　　當人的憤怒、恐懼和悲傷等情緒變化處在正常範圍內，或是可以在短期內消除，便不會造成負面影響，身體的臟腑機能自然會調節適應。但若情緒過度強烈或是持續過久時，就可能會引起自律神經系統（Autonomic Nervous System）功能及臟腑功能的失調，進而產生身心方面的疾病，例如「**思傷脾**」，**指的就像是焦慮症患者因為長期的**

心煩焦慮，導致消化系統病變出現胃食道逆流、胃潰瘍、大腸激躁症等疾病。

接下來，我們分別從不同的情緒來看，當情緒波動時，對應的臟腑會有何影響。

怒

怒的情緒通常是不愉快的、激動的及緊張的，包括生氣、憤恨、急怒、不平、煩躁、敵意、恨意、微慍等，比較有傷害性的是出現情緒性行為，像是暴力或自傷。憤怒的外在表現包括臉部發紅、嘴唇下巴收緊、拳頭緊握、嗓子發緊、全身肌肉緊繃等備戰狀態，同時內在生理也會產生變化。

《黃帝內經・素問・生氣通天論》提到「陽氣者，大怒則形氣絕，血菀於上，使人薄厥」，也就是說，一個人如果持續憤怒太久或突然大怒，可能會出現腦心血管疾病的惡化，甚至有猝死的危險。

在現代生理學上可證實，憤怒時容易激活交感神經系統，出現如心跳加快、血壓升高、血糖濃度增加等現象。

憤怒除了影響心血管系統外，中醫理論認為「肝在志為怒」、「大怒傷肝」、「怒則氣上」、「有所大怒，氣上而不下，積於脅下則傷肝」，意思是**怒對應肝，憤怒也會影響肝的功能**。中醫臟象學中所談到的「肝」與西方生理學的肝臟（Liver）有所不同，肝臟負責身體許多重要的功能，如製造並排泄膽汁，以幫助脂肪的分解消化，以及負責排解血液中的毒素。

然而從中醫的理論觀點來看，「肝」的功能特徵包括：

- 主疏泄
- 主藏血
- 主筋，其華在甲
- 開竅於目

「肝主疏泄」意思是肝主疏通及宣泄，能夠調節情志，促進消化吸收，有著疏泄全身氣、血、津液的作用，透過肝的疏泄功能，也就能維持全身氣的運行與流暢；若是氣機（氣的正常運作機制）能保持流暢，則可維持良好的心理狀態，情緒平穩；若是肝的疏泄失調，肝氣鬱結，便可能會出現情緒波動的現象，如抑鬱及憤怒等情形。

此外，肝也會促進及調和脾的消化功能，若肝的功能失調，則會影響脾氣的運行，食物運化功能也會受到影響，從而引起腹痛、嘔吐、腹脹或腹瀉等消化系統的問題。所以當一個人憤怒時，會使其疏泄調節情緒的功能受損。當怒氣過度強烈或持續過久，會出現肝氣上逆的現象，消化道的血液供給也會減少，症狀包括面紅耳赤、頭暈腦脹、昏厥、抑制食慾，甚至會影響到脾胃消化吸收的功能。

除了「肝主疏泄」外，中醫也認為「肝主藏血」、「肝主筋，其華在甲」、「肝開竅於目」，肝有負責貯藏血液及調節血量的作用，若肝血不足，肝則無血所藏，不能濡養於目，會導致兩眼乾澀昏花，也無法滋養於筋，容易引起抽筋、肢體麻木、屈伸不利，指甲會變得較薄、脆弱及蒼白等，肝膽病變則會出現目黃的現象。

然而，憤怒都是不好的嗎？在人遇到不順的事時，例如工作或學業成績挫敗、人事衝突、家庭不和、人格被侮辱等，往往都會產生挫折感而出現一時的怒氣。輕微的怒氣發洩，能使壓抑的情緒得以抒發，有助

肝氣疏泄，達到紓解緊繃的精神狀態。經過一段時間的自我調節後，情志能恢復平穩，這是正常良性的反應。但若是出現怒氣壓抑過久或暴怒過度，肝氣沒有得到良好的疏泄，除了對生理會產生重大的反應之外，也容易作出衝動的決策。

《孫子兵法》提到：「主不可以怒而興師，將不可以慍而致戰」，意思是說，國君不可憑一時的惱怒，而興兵作戰；將帥不可憑一時的怨憤，而與敵交戰。所以**當察覺到自己的憤怒，或遇到一個對我們生氣發怒的人時，要嘗試冷靜思考，自己及對方是否遇到什麼不順己的事情？發揮理智的功能，不要太快認定對方的情緒是針對自己而來，才能做出較好的決策。**

前面提到怒的陰性面與陽性面，一般我們認為的怒大多偏向陰性面，但若能轉為陽性面，往往會有更積極的正面能量表現。例如在籃球場上偶爾會遇到惡性犯規的對手，像是不當的惡意推撞，或做出可能導致你身體受傷的動作，任何球員被惡性犯規，一定會感到憤怒，但每個球員的應對方式會有不同，若發生在個性較衝動的球員，他可能會一直處在怒的陰性面，滿腦子憤怒不平，因此肢體衝突便會增加，除了言語回罵之外，甚至會出現反攻擊的行為，因而影響比賽的表現與勝負。但若發生在有經驗的智慧球員身上，在怒氣出現時，便能理智解讀對方憤怒的情緒來源，而將專注力拉回到球場上，更積極的將能量投注在贏球上。

我在臨床實務上，曾經遇到一位海洛因使用者，他之前曾接受我多年的美沙冬維持治療，這是一種治療海洛因成癮的有效療法。最後在一年以上未碰海洛因的情況下，他從逐漸減少劑量到停用美沙冬。當時他很高興的跟我說，他成功擺脫毒癮了。沒想到，過了八個月，

他突然再次就診，一開口便極度憤怒的大聲對我說：「美沙冬治療根本沒用嘛，喝了好幾年，結果停掉幾個月後就不行了！」當下他像是在對我質問，不斷地挑戰我們過去的治療過程。

　　一般當類似的言語暴力發生時，通常會引起醫護人員的憤怒，因此也容易用指責的方式回應，例如回應對方再次吸毒，是他自己的錯之類的。但當時我用較理智的方式思考，冷靜察覺到他並不是在對我生氣，而是對他自己無法拒絕毒品誘惑而再次吸食時的挫折生氣。於是我選擇先讓他抒發怒氣，並同理他的挫折感，再一同回顧過去，他是如何成功利用美沙冬維持治療、擺脫毒品（賦能），並肯定他這次復吸後，在短時間內便回診的積極態度，表達願意跟他一起討論，如何盡快達到他要的戒毒目標。談完後，他的態度從怒的陰性面轉為陽性面，並且在往後的診療會談中，多能用正面積極的配合態度接受治療。

驚恐

　　驚恐包括「驚」和「恐」，驚（Panic）通常是突然遭遇非常事故，導致精神猝然緊張的情緒反應；恐（Fear）通常是人在感受到自身安全受威脅時，所產生的畏懼害怕的心理。驚常會和恐一同出現，驚恐的情緒包括極度焦慮緊張、慌亂、驚嚇、恐懼以及恐慌。驚恐會讓人感受到企圖擺脫、想逃避某種情境，卻又無能為力的情緒經驗，同時也是一種人類生理合併心理的活動狀態，可能出現的情緒性行為是坐立不安以及社交退縮。

　　《黃帝內經・素問・調經論》中提到：「血有餘則怒，不足則

恐。」中醫也有「肝腎同源」之說，意思是驚恐與憤怒情緒是密切相關的，驚恐可以引起憤怒，憤怒是驚恐的出口；由於驚恐往往是突發性的、無法預期的，因此對於人的身心影響很大，在生理上的反應跟憤怒一樣，只是在心理情緒的反應及行為上有所不同。

一九二九年，美國生理學家懷特・坎農（Walter Cannon）提出當人遇到急性壓力時的「戰鬥或逃跑反應」（Fight or Flight Response），就會出現恐及怒的情緒，這個反應指的是經歷急性壓力後的短時間內，人體所發生的變化。在這個階段，人體會釋放一種叫作腎上腺素（Epinephrine），又稱「壓力賀爾蒙」的化學物質到血液中，大量的腎上腺素會給你一股強大的力量，並在體內產生許多其他的變化，例如導致激素皮質醇（Cortisol）的產生，增加血壓、血糖並抑制免疫系統。

整體來說，生理上會提高血壓、心率、血糖、加快呼吸頻率來運輸更多的氧氣到細胞中，也透過轉移身體其他部位的血液到肌肉，增加激活肌肉所需的血液流量及能量，同時也會增加肌肉的緊張度，讓血液凝固功能加快，以防止在反應過程中，因受傷而過度失血。這些變化都是為了生理上因應急性壓力所準備的額外力量，目的是要做好戰鬥或逃跑的準備。要是身體長期處於壓力之下，適應能力會漸漸耗盡，免疫系統能力下降，可能會引起高血壓、頭痛、胃痛、氣喘惡化，並產生焦慮症、憂鬱症以及其他身心疾病。

當人處在憤怒的情緒時，比較常出現戰鬥反應；處在恐懼情緒時，比較常出現逃跑反應。而兩性在戰鬥或逃跑的反應中，表現上也有差異。相較之下，遇到壓力時，男性傾向於戰鬥反應，女性則傾向於逃跑反應，或尋求他人幫助，一同化解當前危機。

中醫理論認為：

◆ 腎在志為恐

◆ 驚恐傷腎，恐則氣下，驚則氣亂

◆ 恐者神散蕩而不收

這些都是指恐懼過度會出現腎氣不固、氣陷於下、精血耗損，甚至大小便失禁、遺精、流產等症狀。從西方生理學觀點來看，腎是一個重要的排泄器官，並負責製造尿液，以助身體排泄毒素及多餘的水分。而中醫對「腎」的解釋，除了泌尿系統的功能外，還包括生殖、內分泌及神經系統的功能。所以當一個人長期處在驚恐的狀態，不只泌尿系統會受影響，生殖、內分泌及神經系統的功能也容易出現病兆。中醫還有一句話說：「腎主骨生髓，其華在髮。」腎藏精，精化血，頭髮也倚靠著血的滋養及腎精的化生。若精與血都充足，頭髮會顯得健康有光澤，但若是長期處在驚恐的情緒狀態下，可能會有腎虛或血虛的結果，而出現頭髮脫落的症狀。

悲憂

悲（Sadness）的情緒給人的感覺，常常是悶悶不樂，是較消極的，《黃帝內經》提到「心虛則悲，悲則憂」，悲常與憂的情緒一起出現，包括悲傷、抑鬱、憂鬱、自憐、寂寞、沮喪、絕望，可能出現的嚴重情緒性行為是自殘及自殺。一般遇到難過的事件時，短暫出現的悲傷情緒抒發，甚至放聲大哭，反而有助於加深肺部的呼吸，所

以，若是長期處於悲傷憂鬱之中，就會導致肺氣虛弱。《黃帝內經·靈樞·本神》提到：「愁憂者，氣閉塞而不行。」中醫理論認為「肺在志為悲」、「大悲傷肺，悲則氣消」。

悲對應於肺，從中醫理論觀點來看，肺的功能特徵包括：

- 主氣，司呼吸
- 主宣發和肅降
- 通調水道
- 朝百脈，主治節
- 開竅於鼻，其華在毛，上連於喉

肺負責管理人的呼吸活動，是交換氣的地方。中醫認為，血需要倚靠氣的推動才能運行全身。若肺的呼吸功能正常，則氣道暢順，呼吸調和；若肺功能失調，則呼吸功能便會減弱，影響氣的運行，而出現咳嗽、喘促、胸悶、氣虛等症狀。過度悲傷，則氣消；過度擔憂，則氣沉。長期的悲傷憂鬱情緒，會出現胸悶氣短、抑鬱乏力、垂頭喪氣、意志消沉、唉聲嘆氣等症狀，同時血清素、多巴胺、正腎上腺素及乙醯膽鹼的濃度，也會產生不平衡的變化。

喜

喜（Happiness）大多是一種正面的情緒，包括滿足、幸福、愉悅、興趣、感官的快樂、興奮感覺，但有時會出現過喜的狀態，如狂喜，甚至極端過度自我膨脹的躁狂狀態。

在中醫理論認為：

◆ 心在志為喜

◆ 心實則笑，笑則喜

◆ 大喜傷心，喜則氣緩

　　中醫理論的心與解剖學上的心（Heart）頗為不同。中醫的心除了調節心血系統，還包括腦神的功能，及維持精神神經系統的功能。所以我們會說，「心理學」而不是「腦理學」；遇到難過的事件時，我們會說很「傷心」，不會說很「傷腦」；想跟人聊聊所想的事物時，我們會說想跟人「談心」，而非「談腦」。所以中醫的心不單單只是心臟這個器官，是包含體內許多不同的生理功能的統稱。

　　適當喜樂讓人心情舒暢、精神愉悅、呼吸平順、緩和緊張，亦能使身體氣血通暢，有助於免疫能力的提升。如果喜的情緒再強烈點，會處在一種較為激情及興奮的狀態，在此狀態之下，人的理智分析和衝動控制的能力會下降，因而容易出現情緒或行為失控的現象，同時因交感神經亢奮，會引發心跳、血壓的升高，誘發或加重心血管疾病。這種狀態通常是短暫的，但若狂喜過度、持續過久，會如明代醫學家李梴在《醫學入門》所說「暴喜動心不能主血」，則會出現心氣渙散、神不守舍、注意力不集中、心悸、失眠、多夢等症狀，嚴重時，可能會有以情緒過度亢奮為主要表現的躁症發作。

思

中醫將思歸屬在情緒當中是比較難理解的部分。從《說文解字》來看「思」字，是由「囟」與「心」兩字組成，「囟」代表腦。清代醫學家王清任在《醫林改錯》中提到「靈機記性在腦」，指出人的智慧記憶能力，取決於腦的功能，所以「思」，可以說是包含人的認知記憶能力，以及內心情緒的範圍。

中醫理論提到：

◆ 脾在志為思
◆ 脾土主中央治四旁

《黃帝內經・靈樞》也提到：「因志而存變謂之思，因思而遠慕謂之慮。」所以整體來說，**認知角度的「思」**，跟所有的情緒都有關聯。當一個人受到周遭環境的刺激後，可能會先經由「思」的過程，再產生不同的情緒及反應，也可能因為壓力事件來得太快，先出現強烈情緒後，才會出現「思」的過程。**情緒角度的「思」**，比較是思念及思慮的情緒，包括焦慮、預期、緊張，甚至強迫意念的狀態，可能出現的情緒性行為是猶豫不決、坐臥不安及難下決定。

「脾在志為思」，從中醫的觀點來看，脾的功能與消化系統、血液凝固系統與身體的水液代謝有關。若脾氣健運，則口腔的味覺能力正常，脾胃吸收良好，身體的氣血滋養充足，肌肉及四肢自然健康強壯。然而若脾氣虛弱，便會有口中乏味、脣色淡白、肌肉瘦弱以及四肢倦怠無力等症狀。

「思慮傷脾，思則氣結」是指長期集中精神或思慮過度，導致思維紊亂、氣機鬱結，直接傷及脾胃系統的功能，導致消化吸收功能會變差，容易出現腹脹腹瀉、食慾差等症狀。人的思考與體內的神經傳導物質乙醯膽鹼很有關係，乙醯膽鹼與學習及記憶功能有關，在中樞神經系統中，如果乙醯膽鹼濃度過低，就會出現記憶力變差，例如阿茲海默症。

　　一九七○年，美國骨科醫師阿普利哲醫學博士（John E. Upledger）所發表的顱薦椎治療／顱骶療法（Craniosacral Therapy，簡稱 CST），其中也有提到人體內臟腑與情緒的關係，當人持續壓抑一種情緒時，體內不平衡便會開始出現，並阻止情緒流動的自然流向。一旦負面情緒鎖在我們的身體組織內，漸漸地會在身體上產生各種病徵。顱薦椎治療／顱骶療法的治療技術，會以輕觸的手法，減輕及療癒身體結構上的壓力與阻塞，進一步舒緩中樞神經系統的緊張，讓身心情感得到釋放。

　　中醫治療病人非常重視氣的運行，明代醫家張景岳說：「病之生者，不離乎氣，而醫之治病亦離不開氣。」在情緒也是，由於人的情緒變化時常會影響到呼吸的調節，《黃帝內經》提到：「百病生於氣也。怒則氣上，喜則氣緩、悲則氣消，恐則氣下……驚則氣亂，勞則氣耗，思則氣結，九氣不同，何病之生？」由此說明了，不同的情緒會影響不同的氣機。

情緒與氣的關係

喜則氣緩　在適度喜樂情形下，呼吸氣流和緩，是平和的狀態。

思則氣結　氣結就是氣不通，許多心理疾病都會出現思慮過多導致氣血不通，進一步產生疾病，或是無法思考，注意力不集中，甚至認知功能下降。

怒則氣上　生氣憤怒會讓人的氣往上升，呼吸容易急促，自然容易發泄怒氣。

驚則氣亂　人在受驚嚇狀態下，容易心亂，氣血混亂，無法冷靜思考，因而出現忙亂的反應行為。

恐則氣下　恐懼讓人下沉無力，甚至怕到腿軟漏尿，無力反應。

悲則氣消　悲傷會讓人有消氣的感覺。想像一下，腦中的細胞就像許多的皮球，一旦皮球氣消了，還有彈力嗎？悲憂傷肺，因此當悲傷情緒過久，常導致肺氣不足，氣無法上行至腦部，而出現身心無力，易感疲憊以及無動機的症狀。因此當我們遇到憂鬱病人求診時，常常建議他們要多運動，目的就是要藉由運動，讓肺氣得以上行，就像皮球總要多打，反而不易消氣的概念。若是長期不運動，則更易氣消到需要服用藥物的程度。

 **情緒與經絡的連結**

在西方世界也有許多學者，將情緒與經絡理論做連結及治療。荷蘭的醫學博士洛伊・馬提納（Roy Martina）在實務中運用經絡理論，研究出各經絡對應的情緒：肺經（悲傷）、大腸（死板）、胃經（憂慮）、脾經（缺乏自尊）、心經（覺得受傷）、小腸經（脆弱）、膀胱經（安全感）、腎經（恐懼）、心包經（被壓抑的性慾）、三焦經（不穩定）、膽經（挫折感）、肝經（憤怒）。

心理學博士羅傑・卡拉漢（Dr. Roger Callahan）在**能量心理治療**體系中，也嘗試結合中醫經絡穴位按摩與西方能量心理學，來解決人的情緒困擾。

九○年代初期，美國的蓋瑞・克雷格（Gary Craig）所創建的**情緒釋放技巧**（Emotional Freedom Techniques，簡稱 EFT），**它是神經語言程式學**（Neuro-Linguistic Programming，簡稱 NLP）**結合中醫經絡穴位拍打的一種快速、有效的能量心理學技術，在北美洲、歐洲及澳洲廣泛被心理學專家所採用。**從腦神經元的角度來看，當人受到壓力事件之後，所產生的情緒，會觸動腦中部分的神經元，並與之連結，如果類似的壓力刺激反覆出現，便可能會產生制約式的情緒反應，也就是 NLP 說的心錨（Anchor）。EFT 的基本運作步驟大致分為三部分：

・**第一步驟**　要全然接受當下的自己。

- **第二步驟**　要面對自己的負面情緒，一邊說出負面情緒，然後同時敲拍身體的某些穴位，讓自己在盡情抒發情緒的當下，同時以敲拍的方式，敲鬆強烈的情緒與神經元的過度連結。當連結愈來愈鬆時，神經元便更不容易受到情緒影響，人也就更能控制及開始「看到」情緒。

- **第三步驟**　將第二步驟的情緒宣洩完後，能覺察到情緒底下的底層情緒，就像剝洋蔥一樣，一層一層的將過往的創傷剝開。在不斷的情緒釋放後，最終能讓自己的心智更加清晰，擺脫負面情緒的困擾，並充滿正能量，也更能感受到愛與寬恕。

中西結合心觀點

「中西結合心觀點」是我將傳統中醫心理醫學，加上西醫精神醫學及現代心理治療理論，整合而成的觀點。

之前談到，中醫談情志中的「志」，其實是「腦神」的一部分，涵蓋了一個人的認知功能與從思考到行動的流程，目標是達到「智」，成為一個待人處事有智慧的人。

腦神（志）也會受到情緒感受及外在壓力的影響。比方說，當一個高中考生原本立志要考上自己心中的第一志願，但在遇到自己心儀的對象時，滿腦子的思緒都在對方身上，此時原本堅定的志向，自然會受到情感動搖，導致無法專注於原本設定的目標，最後可能影響成績的表現。另外，像是許多原本立志為國家政府效力的公僕們，在經濟、人情壓力或金錢的誘惑下，無法控制自己原本的意志，而發生了貪污、舞弊等情事，都是腦神受到影響的表現。

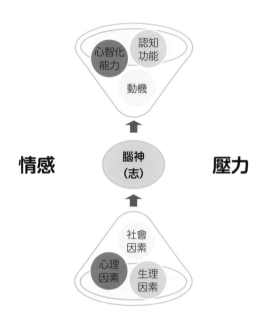

腦神（志）的影響因子與表現

💙 身心疾病的成因

　　現代精神醫學強調「生物—心理—社會」的模式，對於身心疾病成因的探討，主要包括**生理**、**心理**與**社會**的因素，這三個層面同等重要，會整體影響一個人的腦神。

- **生理因素**　先天遺傳、各種身體疾病（內分泌、感染、外傷、癲癇、物質使用等）。
- **心理因素**　性格、人際關係、心理創傷史等。
- **社會因素**　家庭成長背景、家庭支持功能、生活環境等。

愈多不良的因素，就愈會增加精神疾病的發生機會。生理因素比較能理解，而在心理及社會因素的部分，美國醫師文森特・費利蒂（Vincent Felitti）等人在一九九〇年左右，研究了一萬七千多個對象，**主要探討童年的創傷經驗和成年之後在健康方面的關聯性**。他與疾管局流行病學家羅伯特・安達（Robert Anda）合作，彙整出十種兒童時期的負向經驗（Adverse Childhood Experiences，簡稱 ACE）。

　　ACE 大致可分為三大類：

- **第一類是虐待**　包括身體暴力、言語情緒暴力（像是對孩子的冷嘲熱諷、輕蔑、辱罵與羞辱）及性相關暴力或騷擾。
- **第二類是疏於照顧**　包括疏於生活照料或情緒關懷。
- **第三類是家庭失去功能**　包括家人有身心疾病、坐牢、藥物濫用、父母離婚、家庭暴力。

　　ACE 項目愈多，在成年時期會有較高機率出現身心健康的問題，像是飲酒問題、藥癮問題、肥胖症、高血壓、憂鬱症、自殺傾向、性傳染病、癌症、或心血管疾病等。經歷四種以上 ACE 的人，百分之八十六有菸癮、肥胖、退縮、憂鬱、蛀牙或自殺傾向等問題，成年後出現酗酒、性愛成癮、罹患憂鬱症、或有自殺傾向的機率，也比其他人高了四到十二倍。若是經歷七種以上 ACE 的人，罹患癌症、狹心症機率更高出一般人的三倍，平均壽命僅僅六十點六歲，比其他人短少十九年以上。

　　對一個病人的完整精神狀態評估後，才能清楚致病因子並訂立明確的治療方向。若是生理因素影響較重，宜先考慮生理層面的藥物治療，因為生理層面影響較劇的身心疾病，例如嚴重的思覺失調症及躁

症發作期，單靠心理治療或社會環境調整是不容易治癒的，且病情拖延對病人的腦神功能也會造成不良的影響；然而單靠藥物治療也是不完整的治療，必須要加上心理治療及社會環境調整才較為完善。

常見身心疾病致病因子與治療方式

		生理性	心理性	社會性
致病因子	前置因子	• 基因 • 家族病史 • 物質濫用 • 器質因素	• 親職功能不良 • 認知扭曲 • 精神動力因素 • 早期依附關係	• 兒童時期負向經驗 • 缺乏社會支持
	誘發因子	• 物質濫用 • 器質因素 • 無病識感 • 治療遵從性不佳	• 壓力 • 失落 • 哀慟	• 生活創傷事件 • 高情緒表露家庭
	持續因子	• 物質濫用 • 器質因素 • 無病識感 • 治療遵從性不佳	• 無動機 • 認知扭曲 • 精神動力因素 • 缺乏信任關係	• 高情緒表露家庭 • 經濟困難 • 污名化
治療方式	短期治療	• 藥物治療 • 電痙攣治療 • 藥物解毒治療	• 心理衛教 • 諮商	• 家族衛教 • 支持照顧者
	中長期治療	• 長效藥物治療 • 長效針劑治療 • 維持療法	• 認知行為治療 • 動力取向心理治療 • 團體治療	• 伴侶或家族治療 • 病人團體 • 社會福利 • 精神復健

♥ 病識感與改變動機

中醫的腦神（志）在能力表現上，我認為可以包括一個人的動機、認知功能及心智化能力。一個人的腦中有想法意念及動機時，才會有生活方向。當一個人遇到困境或生病時，有「志」尋求諮詢或是醫療協助，也就代表著有意念、有動機想要改變現狀，才有可能朝向好的改變前進。

在精神醫療領域，將病識感分為六個層次，病識感層次愈高，代表改變動機愈高，其行為改變機會愈大。有許多人對自己的疾病沒有病識感，而無動機尋求改變，尤其在酒藥癮病人、思覺失調症及躁鬱症病人身上特別常見，所以若想要跟這些病人建立良好的治療同盟，必須要先增強他們的改變動機。

一九八三年，臨床心理學家威廉‧米勒（William R. Miller）提出了**動機式晤談法**，起初是針對酒藥癮的個案而設計，因為要與這類個案建立關係不容易，加上他們的改變動機薄弱。米勒發展出這種心理介入模式，目標是為了協助他們能產生改變的動機，進一步改變其不良的物質使用行為。動機式晤談法是一種透過助人工作者，運用支持同理的態度，和個案一同合作探索動機，過程中尊重個案意志，強調自主性與改變責任歸於個案，進一步誘發個案喚起屬於自己的改變動機，是一種以個案為中心，又兼具方向性的助人模式，實務上也可將此晤談法運用於無動機改變的個案身上。

病識感的六個層次

簡述	描述
一　沒問題＋無動機	個案不覺得自己有問題。
二　有察覺不一樣	個案覺得自己跟別人有一點不同，但自己無法區別。
三　歸因於他人	個案知道自己與別人不同，但總是將問題歸咎於他人因素。
四　自我覺察	個案知道問題可能出在自己身上，但無法清楚說出來。
五　理智上瞭解	個案清楚知道是什麼原因導致問題發生，但卻無法將自己的理解運用在日常生活中。
六　理智情感的瞭解＋行動的產生	個案清楚知道問題發生的根本原因，也能將自己的理解運用在日常生活中，促進改變。

♥ 心智化能力

　　腦神（志）的能力表現除了動機及認知功能外，我覺得應該也要包括心理學家福納吉（Peter Fonagy）在一九八九年提到「**心智化**」的能力。這裡提到的心智化能力，指的是一種認識自我與他人的認知，以及情緒狀態的能力。福納吉所提倡的「**心智化為本治療模式**」（Mentalization-based Treatment）是從精神分析與依附理論出發，著重於情感的調節，創造安全依附使自體得以發展。

　　在這理論中談到，一個人心智化能力的提升，需要在一個有安全依附的環境中成長。成功的心智化，不僅能增進一個人對自我與他人的覺察，也能在人我關係中產生更深度的同理，達到「**由外觀己，由內察人**」的境界；受損的心智化能力，則會使人無法解讀自我與他人的情緒、認知、行為，進而妨礙心理健康，產生人我關係的困擾。

　　在臨床實務上，「**邊緣型人格障礙症**」（Borderline Personality Disorder，簡稱 BPD）與「**雙相情緒障礙症**」雖然都有情緒調節失調的情形，然而 BPD 個案的情緒失調與情境有更高的相關性，尤其是對人際議題特別敏感。

　　在 BPD 個案的發展過程中，較常看到不安全的依附關係，也歷經較多的兒童負向經驗；長期處在紊亂的依附關係中，會導致杏仁核功能過度警覺、情緒調控失常，而有負面情感、心智化能力缺損的情形，也常出現操弄與控制行為，因此較難與人維持一個穩定長久且滿足的人際關係。

02
CHAPTER

中西結合心療法

精氣神養身

　　中醫是以人為本的全人醫學，除了談情志，也重視「精氣神」、「形神合一」、「心身同治」的理念，因此**中醫是針對一個人的整體身心狀態進行治療，較無法明確地將身與心分開來治療**。當我們第一次與他人接觸時，常常會依對方整體的感覺說「你今天精神不錯、氣色很好喔」來描述對方呈現一個較健康的狀態，或是說「你今天精神看起來很差、氣色不好喔」來描述對方好像呈現一個比較疲倦或生病的狀態，這中間就包含了**精、氣、神**這三個要素。

生命的根本

　　「精氣神」的概念綜合了哲學、醫學及道教內丹學。在上古哲學領域中，《莊子》描述「至人」的生活狀態，就使用了「精神」的術語；道教內丹學將傳統哲學與醫學的「精神」與「精氣」概念整理而成「精氣神」，並稱精、氣、神為人的三寶。自然界中，天地人各有三寶，天的三寶是「日、月、星」，日月星辰組成宇宙天體，能維持歲月轉移、寒暑交替的變化；地的三寶是「水、火、風」，因有天氣的變化，地氣因而反應出現水火風，創造生生不息的生機；人的三寶是精、氣、神，我們的生命就是依靠「精氣神」來維持。

　　在戰國時期，《黃帝內經・素問・生氣通天論》提到：「陰平陽祕，精神乃治；陰陽離決，精氣乃絕。」「陰」指的是蘊藏「精氣」

的臟腑，而「陽」指的是保衛臟腑的外圍組織，意思是臟腑平和，外圍組織堅固，精神自然健康；如果臟腑與外圍組織不能配合，則精氣耗散就無法生存了。

人若能一直處於「陰平陽祕」的狀態，也就是自律神經系統平衡穩定，精神狀態就會良好、神采奕奕，達到「精神乃治」的狀態；若是「陰陽離決」，即交感神經與副交感神經的表現差距過大，則會出現「精氣乃絕」的狀態，此時得到身心疾病、代謝症候群、糖尿病、高血壓等疾病的機率就會大為提升。

中醫理論認為精氣神是生命活動的根本，故有所謂「精脫者死，氣脫者死，失神者死」的說法。古人對精氣神的調攝極為重視，精氣神是一個互相滋生助長關係的整合體。**「精」是生命活動的基礎，「氣」是人體內物質活動的一種能量與功能，「神」是人整體身心功能的具體表現。**三者關係是「精為氣之母，元精化生元氣」，所以精能化氣；「氣為精之用」，氣也能生精攝精；「神為氣之形」，精氣化神，神也能駕馭精氣，所以精氣神是反映出人體整體機能的健康狀態。

「精氣神」三者關係

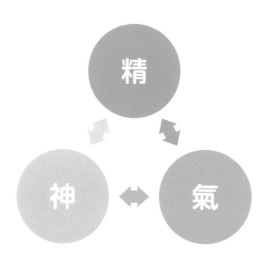

 精

　　「精」泛指人維持生命活動的最基本物質，包括精、血、津、液；《黃帝內經・靈樞》提到：「與生俱來，謂之精。」、「兩神相搏，合而成形，常先身生，是謂精。」萬物化生須從精開始，**精可分為先天之精和後天之精**。「先天之精」來自於父母，是生命的起源物質，父提供精子，母提供卵子及血液營養，才能造就新生命，又稱為「**元精**」；但先天之精需要後天的補充及維持，才能讓身體處在最好的狀態，這些物質就是「後天之精」，又稱為「**水谷之精**」，包括從呼吸而來的氧氣，飲食攝取而來的水及精華養分物質，又稱「水穀精微」，這些氣體及水穀精微會隨著血液輸到全身五臟六腑等組織器官，被細胞攝取，成為生命活動所需的基礎物質及能量。

精的功能

精的功能包括：

（一）**生殖繁衍**：一個人的先天之精加上後天之精，成長到了生殖的年齡時，便能生成生殖之精。男女生殖之精稱為天癸，天癸既充，精氣溢瀉，月事以時下，男女相合，兩精和暢，陰陽交媾，胎孕乃成；父母之精，合而成形，新的生命活動也因此開始，也就是具有繁衍生命及遺傳的作用。

（二）**促進生長發育**：人自胚胎到成人時期，其生長發育的過程所需要的物質，都和先天之精與後天之精有關。《黃帝內經·靈樞》提到：「人始生，先成精，精成而腦髓生，骨為干，脈為營，筋為剛，肉為牆，皮膚堅而毛髮長。」精也是生成血液的主要物質，先天之精與後天之精充盛，則腦得髓養，肝有所養，血有所充，全身臟腑組織若能得到精的充養，各種生理機能才得以正常發揮；故精足則血旺，骨骼健壯，牙齒堅固，能促進生長發育。如果先天稟賦或後天之精不足，精虧則血虛，臟腑組織得不到精的濡養和支持，功能便無法正常發揮，那麼生長發育就會遲緩或有障礙。

（三）**增強免疫能力**：充足的精則正氣旺盛，抗病力強，具有保衛機體、防禦外邪入侵的作用。

養精

《黃帝內經》提到：「夫精者，身之本也。」「精」，是構成人體的基本成分，是人體的精華物質，具有防衛與調節人體的重要功能，所以，「養精」的意思，就是保養及強化精的功能。**中醫認為腎為先天之本，脾胃為後天之本，所以脾胃功能的強健，是保養精氣的關鍵；均衡營養的飲食，是保養後天之精以養先天之精的重要因素。**《千金方》提到：「飲食當令節儉，若貪味傷多，老人脾胃皮薄，多則不消，彭享短氣。」飲食過量，反而不利於健康。在飲食定時、定量、不偏、不嗜的基礎上，自然具有藉由食物滋補的功能。

中醫不僅會用食補養精，也會藉由藥補來養精，依據陰陽調和及「虛則補之，實則瀉之」的理論。例如，虛寒體質的人，手腳容易冰冷，建議在飲食上可以多吃能補養陽氣的羊肉，也可以搭配使用補溫陽的中藥，例如乾薑、附子、肉桂等。總之，**合宜的食補和藥補能幫助養精，但需要符合自己的體質及證型，不然可能會適得其反。**

身心疾病患者，時常因精神症狀而導致自我照顧功能受限，飲食攝取不均衡，或因精神藥物的副作用而影響日常生活的營養補充。現代醫學，愈來愈重視飲食與營養的調節，尤其在身心疾病輔助治療上的成效，包括多元不飽和脂肪酸（Polyunsaturated Fatty Acids，簡稱PUFAs）、維生素、礦物質、抗氧化劑、氨基酸及益生菌等。

二〇一九年有一篇整合分析和系統性回顧（Firthet al. 2019），研究營養補充劑用於身心疾病的輔助治療成效，其中最有效的證據是Omega-3 PUFAs（例如高濃度深海魚油，是高劑量 EPA 配方）用於憂鬱症的輔助治療，對有較高發炎指標的憂鬱症病人，效益最佳。也有

研究認為，PUFAs 對於注意力不足過動症有輔助療效，高劑量甲基葉酸補充劑（Methylfolate）對於憂鬱症和思覺失調症有輔助療效。

雖然現在已有不少研究證實，營養補充劑在精神與身心疾病上的改善功效，但仍建議不應該完全依賴營養補充劑來替代均衡的飲食。營養補充劑的使用應由醫療專業人員在評估整體生理、心理狀況和生化檢驗指標（例如特定營養素濃度、發炎指標）之後，再進行評估使用於療程。

 氣

「氣」是生命活動的來源，是一種至精至微的物質，也是構成宇宙和天地萬物最基本的元素。人的生命與氣息息相關，《醫門法律》提到：「惟氣以形成，氣聚則形存，氣散則形亡。」人若是沒有空氣、沒有氧氣，就無法生存，所以說，氣是維持人體生命活動最重要的物質，人的血、津液和精等均需要氣的滋養。

對比於「精」的相對有形，「氣」較屬於相對無形的、流動的。廣義來說，中醫理論對「氣」的看法不僅僅是空氣氣體，「氣」還有兩個含義，一是運行於體內微小難見的物質，包括體內傳導訊息的激素及賀爾蒙等，在《辭海》中提到，氣通常是指一種極細微的物質，是構成世界萬物的本源；二是代表人體各臟腑器官活動的能量表現，人有好的「氣」，便有好的能量來幫助生存，若是病人則易出現特有的病氣。

精為氣之母，氣為精之用，後天之精能化生為氣，供給五臟六腑及四肢軀體所使用，氣輸送到哪個臟腑組織，就會對那個臟腑組織起

作用。**經絡是氣運行的通道，是由身體各組織之間所拼湊出來的隧道，有氣則開，無氣則閉，所以人死了，經絡就不存在。**

近期中醫文獻《景景室醫稿雜存》書中提到：「鼻受天之氣，口受地之味。其氣所化，宗氣、營、衛，分而為三。由是化津、化液、化精、化血，精復化氣，以奉養生身。」氣與味也是密切相關，味由氣化生，空氣、水、食物經口鼻進入人體後，經過一系列的氣化過程，轉化為人體所需要的營養物質以產生生命機能，在發揮生命機能的過程中，也會產生廢物及水，通過汗、尿、便等形式排出體外。

總之，人體透過呼吸飲食，將其轉化為生命活動所需要的氣血津液等營養物質，再由經脈運送到全身，最後再經過新陳代謝將廢物和水排出體外，這過程中包括物質和能量的相互轉化，涉及範圍包括現代醫學中的呼吸系統、消化系統、循環系統、分泌系統、泌尿系統及皮膚系統。

氣的分類與功能

人體內的氣，包括**元氣、營氣、衛氣、宗氣**，這四種氣若分布於不同的臟腑、經絡，就會形成胃氣、肺氣、肝氣等，臟腑之氣和經絡之氣。

（一）**元氣**：發源於腎，藏於丹田，以先天精氣為基礎，受水谷精氣的滋養，又叫原氣。

（二）**營氣**：又叫榮氣，《黃帝內經・素問・痺論》提到：「營者，水谷之精氣也。和調於五臟，灑陳於六腑，乃能入於脈也。故循脈上下，貫五臟，絡六腑也。」營氣

包括人體內規律循環的營運之氣，以及水谷所化生的氣，參與營養物質在微循環內的相互轉化與代謝的過程。人體吸收了食物中的營養物質之後，在血管中的營氣會通過經脈及血液循環進行物質交換，供給組織細胞，達到營養全身。

（三）**衛氣**：是指行於脈外之氣，又可稱為「人氣」、「陽氣」，《黃帝內經・素問・痹論》提到：「衛者，水谷之悍氣也，其氣慓疾滑利，不能入於脈也，故循皮膚之中，分肉之間，熏於肓膜，散於胸腹。」相對於營氣而言，衛氣行於脈外，營氣行於脈內，故衛屬陽，營屬陰。衛氣主要有溫養、調節及防禦的功能。《黃帝內經・靈樞・本藏》提到：「衛氣者，所以溫分肉，充皮膚，肥腠理，司開合者也。」衛氣具有溫養全身及內臟的功能，調節控制皮膚腠理的開闔，控制汗液的排泄，藉此維持人體體溫的相對恆定。衛氣也具有防衛能力，抵抗外來的邪氣透過皮膚腠理侵入體內，是機體抗禦外邪的主要屏障。衛氣充足，則較不易因外在環境及氣候改變，而感染到疾病。

（四）**宗氣**：是衛氣加營氣的統稱，是由肺吸入的清氣與脾胃化生的水谷精氣結合而成，人體的呼吸運動、氣血運行、肢體寒溫、四肢運動、臟腑活動等功能均與宗氣息息相關。

養氣

　　《黃帝內經》提到「正氣存內，邪不可干」、「邪之所湊，其氣必虛」，意思是氣有很強的護衛生命的功能，能夠抵抗外邪的入侵，氣的強弱與人體的健康好壞有著直接的關係。氣若強，則機體抵抗力強，外邪就不能侵犯。人若受到外邪侵犯，產生疾病，則氣必定虛弱。所以，人體的健康與否，幾乎都與氣有關，因此，中醫養生也很重視「養氣」。

　　生命的表現取決於氣的流動，這種流動稱為「氣機」。要養氣，要先知道氣的流動形式，有升、降、出、入四種流動的形式。氣機與情緒也有密切相關，《黃帝內經・素問・陰陽應象大論》提到：「人有五臟化五氣，以生喜、怒、悲、憂、恐。」人的情緒表現不同，氣的流動也會不同，有所謂怒則氣上，喜則氣緩、悲則氣消，恐則氣下，驚則氣亂，勞則氣耗，思則氣結等。一般我們評論一個人的脾氣好，往往代表這個人的情緒穩定。所謂養好氣，也就是要修身養性，學習培養調理各種情緒的能力。

　　養生名著《壽親養老新書》書中歸納出古人養氣的一些經驗，稱為「**養生七訣**」：「一者，少言語，養真氣；二者，戒色慾，養精氣；三者，薄滋味，養血氣；四者，咽津液，養臟氣；五者，莫嗔怒，養肝氣；六者，美飲食，養胃氣；七者，少思慮，養心氣。」此段話的意思是說話要戒急，避免喋喋不休、說話急促，可避免肺氣消耗；房事要有節制，可避免精氣耗；飲食上少吃大魚大肉，口味避免過鹹及辛辣，多吃蔬果清淡素食類，保養血氣；平時可用舌頭在口腔中攪動，增加唾液的分泌，藉此滋養臟氣；心平氣和、避免動怒，可

避免肝氣上逆，肝鬱化火；飲食營養均衡，藉此補養胃氣，減少過度思慮，患得患失，避免傷心氣。

這七種生活型態皆強調慎養，由於氣是流動的，所以要適當的運動，才能促進臟腑氣機的升降出入，有利於維持機體的正常生理功能，若是沒運動或因病理因素導致氣的流動受阻，就會出現「氣滯」或「氣鬱」證型；但也不宜過度運動，導致耗氣過度，甚至氣虛。除了呼吸吐納與運動外，中醫也常使用中藥針灸來調氣治病，有所謂「氣虛則補，氣鬱則達」的原則，例如容易疲倦的氣虛體質，可使用些補氣中藥，例如黃耆、人參等。

中醫認為**維持生命活動的是氣，氣的盛衰決定一個人的健康狀態**。氣就是要流動，中醫有所謂的導引療法，又稱吐納法、坐禪等；導引療法的流派很多，但根本都是以氣為基礎，以心神為主導。**養生首要在於養氣，養氣首要在於理神**，強調凝神、靜思、調心、定志、意守、冥想等，都是先強調靜心調息，藉此調節身體臟腑氣血經絡的運行。

一般來說，呼吸是無法完全自我控制的，但透過長期導引的訓練，慢慢可以控制氣息，調整自己的呼吸到深、慢、細、勻的境界，也就是達到以心神行氣的效果，如此一來，當遇到突發壓力情境時，才不會因此容易心神不寧、氣息紊亂。**導引療法具備調整生理及心理的機能，能改善生理心理的不適。**

古代有許多很好的養氣功法幫助氣機流動，包括華佗的五禽戲、張三豐的太極拳、岳飛的八段錦，都是自古到今流行的氣功。「氣」就是呼吸之氣和身體的整體生理機能，「功」就是練習鍛鍊。東晉葛洪在《抱朴子‧至理》提到：「服藥雖為長生之本，若能兼行氣者，

其益甚速。若不能得藥，但行氣而盡其理者，亦得數百歲。」透過氣功的鍛鍊，可以調節和挖掘人體的潛在能力，達到強身除病、延年益壽的效果。在氣功鍛鍊過程中也非常注重呼吸吐納，透過呼吸，幫助氣血流通循環，打通淤塞的氣脈。

近年來有許多關於太極、瑜伽、氣功等運動對於心理症狀及睡眠的研究。二〇一三年有一篇研究（Abbott, Lavretsky. 2013）介紹太極與氣功在治療與預防心理疾患之間所扮演的角色。太極和氣功都包含一系列順暢的運動，同時伴隨著精神力的集中、呼吸協調和肌肉的放鬆。許多研究發現，太極和氣功可促進放鬆並減少交感神經過於亢奮，可以減輕臨床焦慮、憂鬱症狀，穩定血壓和改善免疫功能，還能增加血液中的腦內啡以及降低血中發炎物質（C-reactive Protein）以及壓力賀爾蒙的濃度水平。也有許多研究證實，太極與瑜伽能提升睡眠品質，太極對於較年長者的睡眠尤其有助益（Du et al. 2015），瑜伽則是能改善女性的睡眠品質（Wang et al. 2020）。整體來說，運動被證實是相對安全的非藥物的輔助療法，可用於治療和預防心身方面的疾病。

♡ 神

「神」這個字是由左邊的「礻」加上右邊的「申」組合而成，「礻」源自「示」，在象形文字的意義指的是宗教上用來獻祭的祭壇，右邊的「申」有申報、呈報、請示的意思，故「神」一字常與宗教、靈性有關。《說文解字》解釋「神，天神引出萬物者也」，代表自然界千變萬化中所形成的無形規律，是一種不受自然規律限制，超

乎人類的力量，能主宰萬物，具備對物質世界產生直接或間接影響的能力。《荀子‧天論》提到：「萬物各得其和以生，各得其養以成，不見其事而見其功，夫是之謂神。」幾乎在所有的人類社會中，多少都存有這種概念，因而產生出不同的文化風俗和宗教信仰。

　　中醫理論強調「形神合一」的觀點，「形存則神存，形滅則神滅」，也就是生理與心理、精神與物質、本質與現象的整體觀點，並非單純偏向唯物或是唯心主義的觀點。中醫對在「形」的概念是指各種在體內存在的物質，包括肉眼看得見的物質，諸如皮膚、肌肉、筋骨、血液、臟腑器官等，《類經》提到：「人身之神，唯心所主。」中醫理論中的「神」，主要與心腦的功能有關，雖然現代科學研究腦器官的功能表現愈來愈清楚，但對於較抽象的「神」，依然難以實證研究。

　　人的生命起源是「精」，維持生命的動力是「氣」，而生命活動的表現就是「神」。「神」是主宰神態、知覺、運動等生命活動及其外在總體表現的統稱，神的產生以精、氣、血、津液作為物質基礎，是臟腑精氣運動變化和相互作用的結果。所以說，**精足則氣盛，氣盛則神旺**；我們看一個人若是神采奕奕，目光炯炯有神，大致可推斷其精氣十足，身心狀態佳，反之精虧則氣虛，氣虛則神少。中醫師在望診時，常會觀察病人的「神」，來判斷病人的預後。《內經》提到：「得神者昌，失神者亡。」因為神充則身強，神衰則身弱，有神氣的，預後良好；沒有神氣的，預後不良。

廣義來說，「神」是指人體生命活動固有的規律及其生機的表現，包括與生俱來的、較本能的神經生理活動，如新生兒的啼哭吮吸，身體遇到疼痛的反射動作，以及各種聽覺、視覺、冷熱痛癢等感官知覺，也包含人的一切心理活動，包括思維、記憶、認知、情感與意志等。中醫理論根據一個人發展的不同階段和功能，細分為「**本神、元神、識神**」之三種神，三神對心理發展健康均有重要影響。

（一）**本神**：《黃帝內經‧靈樞‧本神》提到：「生之來謂之精，兩精相摶謂之神。」新生命的誕生和新生命本身就是「本神」。本神又稱原神，是生命的根源，當父母的精子與卵子結合後，便產生新的生命，也產生了本神，本神是唯一的，無法複製取代的。舉例來說，一對同精卵的雙胞胎，雖然出生時的遺傳基因及臟腑器官幾乎相同，但出生之後，依然會有不同的神情反應及思維；也就是說，即使同精卵的雙胞胎有相同的形體，但內在仍有一個獨一無二的本神。本神也是內驅力產生的根源，與一個人的先天氣質有關。

（二）**元神**：元神是在新生命誕生後，啟動並推動新生命過程的力量，可以說，本神是元神的源頭，元神是本神的延續，二者有先後順序，關係密不可分。元神不只主宰掌控呼吸、心跳、代謝等生理功能，也和本能欲望、直覺、第六感等精神層面有關，是心理活動內驅力的延伸，會受到成長初期的營養及教養環境的影響，一個人

成長初期的人格養成，與本神及元神皆有關連。

（三）**識神**：識神是由心神和肝魂、肺魄、脾意、腎志等五臟神共同組合而成。識神受到後天心理活動及臟腑功能的影響，才有意識、思維、情感、精神等心理的表現。

本神屬於先天之神，從遺傳基因代代相傳而來；元神則是從開始受到人成長初期的生理、心理的發展，和初期人格塑造有關；識神屬於後天之神，是指人在腦功能漸趨成熟的時候，透過自己與外在環境的互動學習與經驗中，產生的內在心理認知的功能。就心理活動來說，這三神有先後的關係，先有本神，自然產生元神，最後進展到識神。**生物都有本神及元神，然而有智慧的人與動物的關鍵差別，就在於識神的表現能力。**

在人類發展的進化過程中，每個人都僅是點狀的存在於某個時空，每一個人都是上一代父母的部分複製品，又在後天成長變化中產生創新的改良品，不只是形體，神的狀態也會受到環境的影響與發展而遺傳下去。

> **三我**

中醫理論談三神，而佛洛伊德的精神分析學說則談到「三我」。佛洛伊德提供西方心理學的重要理論和治療方法，尤其在精神分析中一開始談到地誌學模型，包括意識（the Conscious）、前意識（the Preconscious）及無意識（the Unconscious），潛意識（the Subconscious）則涵蓋無意識及部分前意識。他認為，意識是由無意

識所主宰的，歇斯底里症狀被視為是過去意念或事件的記憶被潛抑的結果。之後隨著《自我與本我》（"The Ego and the Id"）的出版，佛洛伊德將人格結構依照其不同的精神功能劃分為**本我**（Id）、**自我**（Ego）、**超我**（Super Ego）三個部分，當本我與自我、或本我與超我之間出現對立且難以抉擇時，即會產生心理衝突。

（一）**本我**：是生來即有的，是無意識的精神活動，只對釋放張力有興趣，能夠控制本我的，只有自我的無意識層面以及超我。

（二）**自我**：包含意識層面與無意識層面，意識層面是負責控制情感，整合知覺資料以及進行綜合判斷決策。無意識層面則包括防衛機制（例如潛抑，分裂……等），以抗衡藏匿在本我中的強大本能驅力，包括性驅力（Libido）與攻擊性。自我功能良好，有助於良好的適應環境，減輕生活壓力，如果自我功能有缺陷，則可能出現不同形式的心理障礙。

（三）**超我**：是在後天教養中發展形成的，具有控制和監察自我的功能，包括形成自我理想與良心道德的限制，例如由於父母從小灌輸的內化社會的價值觀，而出現許多自我的要求，例如什麼應該做，什麼不應該做，這些超我可能讓我們快速適應環境或達到人生的成就。但僵化的超我，往往是身心疾病最大的源頭。超我往往對於本我的對抗較為敏感，因此大多是無意識的，但某些部分是被意識所覺知的。

精神分析學說重視三個我——本我、自我、超我——之間的協調與衝突，當內心中的三我互相交戰衝突時，會出現焦慮的訊號。若是內心中的三我能妥協，自然能解除焦慮的訊號，增加適應的能力。然而在中醫的三神，比較是成長因果的關係，後天之神「識神」源自「本神」及「元神」，彼此是沒有衝突的，是通透的連續關係。在心理活動中，「本神」及「元神」主要是在無意識的層面，而「識神」主要是在意識的層面，但也受無意識層面影響。尤其「識神」對一個人的腦神影響最大，好的「識神」培養，能讓整體的腦神功能得以更完善的發揮，達到身心健康的狀態。

「三我」與「三神」示意圖

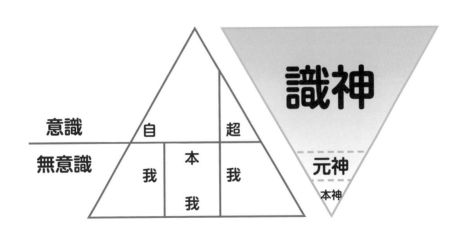

養神

　　中醫養生也強調「養神」，「形是神之宅，神乃形之主，神安則精固氣暢，神盪則精失氣衰。」精氣化神，精與氣都是讓人具備「神」的物質基礎，「神」必須得到精與氣的滋養，才能正常發揮作用，精氣充則神明，精氣虛而神衰；而神又能駕馭統治精氣，人體臟腑的機能活動及新陳代謝，都必須受神的調控和主宰，所以中醫養神必須包括養精及養氣。

　　在中醫養腦神及記憶的部分，有許多中藥材能運用，例如天麻、遠志、酸棗仁等。也有一些能增進記憶的頭部穴位，例如按摩頭頂的「百會」穴，可醒腦開竅，百會穴旁各隔一寸之處為「四神聰」，這幾個穴位都有助腦部血液循環。在西方，精神醫學對於認知障礙症（失智症）也有一些假說，最主要的假說認為認知障礙與大腦因某些因素（例如阿茲海默症或血管性失智症等）出現蛋白斑聚集，導致神經元中的蛋白纏結，引發一系列免疫發炎反應，神經纖維與神經細胞逐漸損害與凋亡，最終人的認知表現功能大幅度衰退，常用藥物上以乙醯膽鹼抑制劑為主；這些藥物或針刺治療主要還是透過養精，促進養神的功能。

　　在養「本神」、「元神」部分，需要能內在養息修身，進一步達到人體各個系統的協調平衡；若是針對養「識神」，就是要不斷學習與增廣知識，活到老學到老。老子的《道德經》稱「為學日益」，講的就是如何通過「識神」來增長知識。在臨床上常遇到年老個案問說如何能減緩記憶退化，除了單靠營養食品或藥物是不夠的，要預防記憶退化，還需要動腦，時時訓練認知功能，學習成長。整體來說，中

醫養神除了包括養腦的功能外，也包含學習培養健康心靈以及與人良性接觸的能力。

 ## 心主神明

　　早期中醫理論談心主神明，認為生命的活動是由心神所主宰。生命活動包括生理性活動及心理性活動兩大類：一、生理性活動以物質、能量代謝為主；二、心理性活動則包括人的認知及情感過程。在執行如何活動時，是由心神負責主導和協調的作用，只有在心神的調節之下，才能表現出各臟腑器官組織的整體功能。《黃帝內經》提到「心藏神」為「精神之所舍」，「心者，君主之官，神明出焉。」這裡的「神明」，指的是狹義的人身之神，而非宗教界的神明；在《素問‧脈要精微論》則提到：「頭者，精明之府，頭傾視深，精神將奪矣。」唐代醫學大家孫思邈開始主張「腦主神明」，到了明清時期則有更多中醫學者，對於心主神明、還是腦主神明，採取不同的觀點。明代《本草綱目》書中記載「腦為元神之府」，清代《醫林改錯》提出「靈機記性不在心在腦」，強調腦與各感官之間的關聯。

　　若是**依現在醫學的科學角度來看，傳統中醫理論的「心」除了有解剖學的心臟（Heart）器官等功能之外，還包括中醫臟象之心，**指的是心靈（Mind），跟腦（Brain）的功能有關。所以**「心主神明」中的「心」，包含腦功能與心靈，不是心臟、也不單指大腦，**這個概念可以說明。到了現代，探討人的心理活動的科學，我們依然會說是心理學，而非腦理學，好的人際關係要用「心」來接觸，而非用「腦」來相處，AI 人工智慧或許能集結大數據，貼近人腦的判斷決

策功能，但卻無法完全取代心靈。此外，中醫認為心神與情緒息息相關。「五神」（神魂魄意志）與「七情」（怒喜思悲恐憂驚）是互相連動的。**情緒是否變動取決於心神狀態**，在心神健旺時，人就算受到刺激，但機體能做適當的調節適應，情緒自然不會有太強烈的反應。

　　心神也主導認知情緒發展過程。在《黃帝內經‧靈樞‧本神》中有提及心主「任物」和「處物」的認知發展過程，包括感覺活動與認知思維。《類經》提到：「是以耳之聽，目之視，無不由於心也。」《荀子‧正名》也提到：「心有征知。」這都說明了，人對於接受到外在客觀事務的刺激，會透過心神產生感覺的活動，就是所謂的「任物」；至於「處物」，就是人運用認知思維來處理事務。**人所面臨到的心理問題，都跟「任物」和「處物」的過程中有關，而「任物」和「處物」的過程，則與一個人成長的教養過程息息相關。**從小接受到「有效能的教養」，除了父母要有以身作則的示範之外，還要有與父母安全的依附關係，才能達到品質最佳的教養；有了良好的教養過程，才會有健康的心理和健全的人格，較能預防心理疾病的發生。

什麼是七情療法？

　　歷代以來，有很多優秀的中醫師運用心理療法來幫病人治療「心病」。早在戰國時期就有記載關於中醫醫家的心理療法。在《黃帝內經‧靈樞‧師傳》中提到：「人之情，莫不惡死而樂生，告之以其敗，語之以其善，導之以其所便，開之以其所苦，雖有無道之人，惡有不聽者乎。」這其中，就包含了說理、勸告、開導、暗示、轉移等心理治療的技巧。

　　中西醫結合心理取向治療法（簡稱「中西結合心療法」）的概念，主要結合了中醫治療精神疾病的理論、西方精神醫學、動力取向精神醫學、近代心理治療（例如心智化取向心理治療、認知行為治療、人際歷程取向治療、依附理論、正念等）、薩提爾家族治療與華無式家族治療理念。中西結合心療法主要理念認為，一個人的身心健康，應該包含有充足的精氣神，以及良好的情志調節，而這兩個元素也與好的人我關係有關。我們可以問自己，喜歡跟一個氣色看起來很差、病懨懨的人相處嗎？喜歡跟一個精神怪異、行為不正常的人相處嗎？還是喜歡跟一個情緒起伏很大、常常負面思考的人相處呢？答案大多是否定的。反之，一個精神正常、擁有容光煥發的好氣色、情緒平穩、思考正面的人，則是大多數人會想要與之相處的對象。所以這個療法的治療初期目標，就是希望個案能透過醫者，來保養精氣神及調節情志，最理想目標是個案能自己學習到，如何以「精氣神調養身、情志調節養心」，達到中醫真正養生的全人目標。

♥ 情志調節養心

　　我認為，一個心理健康的人，情志調節能力一定很好，情志調節能力的學習，與童年時期的成長經驗息息相關。同樣的，在心理治療上，個案也需要從與治療師的互動中，學習到這個能力。中醫既然提到七情這名詞，我就將過往中醫常用的心理治療經驗，結合部分現代的心理學知識，整理歸納成現代七情治療的技巧，為求方便好記，我整理簡稱為「**舒（抒）適（示）理智一（移）定勝**」，包括：

- **抒情順心法（抒情）**：從好的傾聽、同理心的運用及給予適當宣洩情緒來幫助求助的個案。
- **暗示情志法（示情）**：運用暗示、間接與含蓄的方法，對求助個案的心理與行為施加影響。
- **以理遣情法（理情）**：情感與認知息息相關，找出產生不適情感的底層認知，並藉由認知調整來改變情緒感受。
- **心智化情法（智情）**：在與治療師互動中，學習到如何更精準理解，自身與他人情緒認知與行為的能力。
- **移情調志法（移情）**：如何藉由轉移注意力，焦點轉到有助情緒的行為，進一步調整認知的想法。
- **定情安神法（定情）**：會談中適時提供肯定、鼓勵、讚美，適度滿足個案的理想化及鏡映的需求。
- **以情勝情法（勝情）**：根據五行相剋的理論，利用一種或多種情緒，去調節或克服另外一種或一組不良情緒的方法。

抒情順心法（抒情）

　　抒情順心法的第一部分是抒發情緒。有心理困擾的個案，常常無處可訴說或是不知道如何說，日子一久，精神上就容易出現焦慮、心情低落、煩躁不安，生理上則因為氣鬱因素而容易有胸悶、頭痛、腹痛、腹脹等症狀。治療師要視病如親，運用傾聽的技巧，讓個案敞開自己的心靈之窗，暢所欲言，毫無顧忌的將其喜、怒、哀、樂等情緒都抒發出來。若是遇到阻抗時，可以更主動的幫助個案抒發陰性情緒，運用非語言的觀察，例如臉部表情及身體姿態等，判斷個案可能的情緒之後，直接與個案確認，是否如觀察到的情緒一樣，再用引導的方式幫助對方進行適當的抒發。會談過程以傾聽及幫助個案疏泄情緒為主，不妄加評論，也不提供解釋分析。

　　通常功能好的個案，只要透過治療師協助抒發情緒、打開心房，困惱的情緒經疏通後，陰性情緒自然會減輕，轉向陽性情緒，氣血暢通了、心情自然跟著舒暢，就能在抒發情緒後，繼續面對人生的挑戰。

　　抒情法其實就包含宣洩（Catharsis）的方法，在許多的心理治療法中時常會用到宣洩的技巧。「Catharsis」源自希臘文「Katharsis」，本意為淨化或清潔，指的是求助者的情緒，透過淨化與清潔以達到一種新的狀態（Nichols & Zax,1977）。亞里士多德（Aristotle）認為，人可以藉由觀看悲劇，引發心中類似的悲痛心情，達到宣洩的目的（Kellermann,1984）。佛洛伊德（Freud）在精

神分析中，也會用宣洩技巧，來幫助個案在突然回想到過去已遺忘的記憶時，伴隨表達出強烈的情緒。心理劇創始人莫雷諾（Moreno）也認為，宣洩是治療過程中的重要因子。透過宣洩，個案不只能將情緒釋放，同時在認知及行為上皆會跟著釋放，還可以讓個案從過去的角色束縛中，釋放出來。

以中醫理論來說，**情緒也是一種能量，需要像氣一樣的流動，能量才會累積增強**，一旦壓抑、封閉，都會使能量無法流動，造成氣結氣鬱，過度累積即會造成疾病，尤其是遇到憤怒及思慮過度的情緒，可以運用抒情順心法的治療。

♥ 情緒的置換作用

中醫說：「怒則氣上。」如果一個人有怒氣卻無法抒發，可想而知一定是不斷壓抑、等待爆發，這時候可能會出現**佛洛伊德的自我心理防衛機制中的置換（Replacement）作用**。置換作用是指將情緒能量從不可觸犯的客體，轉移到其他可以觸犯的客體之上。簡單說，就是把脾氣發洩到對自己比較沒有威脅的人身上，例如先生在公司，被老闆狠狠的罵了一頓，先生很生氣，但是又不能罵回去，只好忍氣吞聲，一回到家，看到太太還沒做晚餐，想到在公司被罵，加上肚子又餓，於是狠狠的罵了太太一頓，太太覺得莫名其妙，心中雖有怒氣但沒有回嘴，一看到兒子放學回家後不寫作業，就顧著打電動，於是又狠狠的罵了兒子一頓，就是先生將陰性情緒轉移到太太，太太又再轉移到兒子身上。

置換作用也可能會出現在夢中，例如一個人心裡因為某些事而出

現恨的情緒，但因為這是在自己意識層面上無法接受的，於是在夢中把他的爸爸痛打一頓。所以遇到憤怒情緒的個案，最好不要一下子就把他的情緒給壓下去，而是先創造出安全的情境，先移動到較開闊的環境，慢慢將他胸中的怒氣吐出來；若是在工作環境中，也可起身去倒杯涼水，讓個案緩緩飲下。有策略的讓個案的情緒得以合理的宣洩，能量才能恢復自由流動，產生更多自發性的思考力及創造力，避免因憤怒而出現破壞性的行為。

　　元朝脫脫等人所著的《遼史・列傳第三十八》記載，遼代契丹族名醫耶律敵魯治療樞密使妻子的故事，耶律敵魯是個善於望診的名醫，他能藉由觀察病人形體及面色來推論病因。有一次，樞密使請他來替許多醫生都治不好的妻子看病，他觀察後便說：「病人心中鬱積了太多熱氣了，非藥物能將其治癒，需要意療（心理治療），可以透過製造令人煩躁的聲音，使她發狂，宣洩心中之毒即可。」樞密使照辦，果然原本病重無力的妻子發起狂來，大聲呼喊，不斷怒罵，直到筋疲力盡為止。神奇的是，經過宣洩後，樞密使的妻子病情痊癒了。

　　在日常生活的兩性相處上，也時常用得到這個方法。假設 A 小姐在工作上遇到不如意，回家後就很生氣的對先生抱怨主管如何不公，此時先生該如何回應呢？有不少男性會很直覺的用理性思考，以解決問題為導向，幫另一半分析問題，或是直接給建議，例如主管不好就去申訴啊，不然就辭職之類的。其實女性朋友通常只是想找個值得信賴的人宣洩情緒，這種情形最好的方式就是先採抒情順心法，給對方時間，讓她充分的將心中不順的情緒宣洩出來，再問對方有需要什麼協助；多數的時候，當不舒服的情緒宣洩出來後就能回歸平靜，找到新的因應方式。

運動的宣洩效果

除了情緒宣洩外，還可以建議個案用其他方式來宣洩壓力。在中醫治療法中，有所謂「汗吐下三法」，其中的汗法，可以透過運動來達到情緒宣洩的效果。運動時能加快人體的血液循環，感覺身體的每一個毛孔都打開了，隨著心跳加速，汗水排出，那些悲傷的、憤怒的、壓抑的情緒，都在運動中逐漸被釋放出來。

運動除了可分為有氧運動及無氧運動之外，我會跟病人建議，可適當分配個別運動（如跑步、騎車、游泳、健身）與團體運動（例如羽球、籃球、桌球等）。這中間的差別在哪？

我們都知道，個別運動的好處包括提升心肺能力、紓解焦慮與憂鬱情緒等，但有些病人會反應，在慢跑時，腦筋仍會不斷思考困擾的事情，無法放鬆，於是我鼓勵他們增加團體運動。如果病人過去喜歡打籃球，我會建議增加打籃球的頻率；如果病人過去喜歡打羽球，那麼就增加打羽球的頻率。

回想一下，當你跟朋友一起打球時，在投籃、運球、搶球的過程中，還有辦法思考別的事情嗎？同樣的，在打桌球、羽球、或是上韻律體操等課程也是如此，在這類運動過程中，需要更多的感官專注，包括視覺、聽覺、觸覺、場上的感覺等，自然無法再去想場外的事情，這是個別運動所沒有的效果。團體運動還有個好處，就是與人接觸，也就是在運動過程中，增加了與同好溝通聊天的機會，甚至增加了心的連結。籃球場上有些球友則是除了運動之外，還會在場上談論垃圾話題，來振奮心情或疏泄壓力。

♥ 同理性傾聽

抒情順心法不單單只是傾聽，讓個案抒發情緒，若是能再順應著個案當時的情緒想法，給予更深程度的同理，就是順心。過程中不觸及個案隱私，不探究情緒原因，也不鼓勵誘發其他更強烈的情緒，目標是運用同理心，讓個案在短時間內，能感受到治療師的理解及感同身受。治療師同時提供心理支持，來降低個案的不良情緒，例如焦慮、憤怒與悲傷等，個案感受到治療師的同理之後，彼此關係便能更親近，心情自然較安定。要能發揮同理心，就必須要先有好的傾聽技巧，而\好的傾聽能幫助建立人際關係。

那麼，什麼才是好的同理性傾聽呢？

第一、 必須集中你的精神去瞭解與感受對方所說的事情，而不是漠視的聽、假裝在聽或是選擇性的聽。想想看，當妳向男朋友抱怨一件妳相當生氣的事情時，對方卻一邊玩手機一邊笑，敷衍的回覆妳，是不是會有不被重視的感覺？不僅沒達到抒發心情的目的，還可能因男友的漠視態度而生氣。

第二、 在傾聽的過程中不打斷對方，也不輕易的下結論，可以順著個案的情緒，用中性的語言再陳述一次，加入同理心回應，甚至提出進一步的問題，做更多的澄清探索，例如當女友跟你抱怨，老闆不斷的要求自己增加業績，還要利用額外時間進行學業進修，感覺很煩。此時，傾聽後可以加一點同理心的回應，例如：「聽妳這樣說，老闆好像給妳很大的壓力，影響妳的心情喔……不過我很好奇，會不會

是因為妳在工作上的努力表現，老闆才會對妳期待愈來愈大呢？」重要的是要先與對方的情緒做連結，過程中保持正向的態度，適時給予對方認同或鼓勵。

第三、增加多層次的同理心。什麼是同理心（Empathy）？同理心不是同情心。同情心最常見的語言就是類似「你好倒楣喔！」或「你很可憐耶！怎麼遇到這種事（人）……。」語言中具備憐憫的感受，但這感受主要還是從自己的思維角度出發，未必完全是對方的感受。同理心則是一種從敏銳的觀察他人的外在情緒變化中，正確瞭解其內在感受的能力，能設身處地與他人所經歷之事產生共鳴，然後將此感受正確的以語言傳達給對方，讓對方體驗到被認真聆聽與充分理解的感受。在心理學中，同理心可分為許多不同層次，在這邊簡單分為「初層次」跟「高層次」兩種。這兩種的差別在於，初層次的同理心表達的是「我聽到你說的意思是……我懂你的感覺……」，高層次的同理心會再加入聽者主觀的判斷與推測，例如「我瞭解，我想你是不是因為……所以才出現這樣的情緒……」。

暗示情志法（示情）

　　暗示情志法是透過給予個案積極的正面情緒及想法暗示，來消除或減輕病痛以及不良情緒的方法，可用的言語（如：沒關係、不嚴重、會更好等⋯⋯）、而行為（如：點頭、手勢等⋯⋯）作為暗示手段，讓個案在有意無意中，接受到治療師想傳達的正向積極訊息，達到預期正向療效的發展。對於易受暗示的個案，往往會有明顯的反應。對於焦慮症、慮病症及較悲觀抑鬱、負面思考的個案，則須特別注意，避免在無意間傳達負面消極的情志暗示，例如你的病很嚴重、不易治療、會反覆發病、預後很差、搖頭、嘆氣等。

　　在遠古尚未有藥物及針灸治療法時，當人在生病時，巫醫將病人的症狀告知神後，可能使用一些特殊的儀式，或是用手放在病人不適的部位，口中念念有詞，來讓病人有治療的感覺，這些治療儀式在許多宗教信仰中也都有出現。中醫針灸時，也會使用暗示情志法。《黃帝內經・素問・調經論》提到：「岐伯曰：『按摩勿釋，出針視之，曰我將深之，適人必革，精氣自伏，邪氣散亂，無所休息，氣洩腠理，真氣乃相得。』」這段話的意思是說，醫者需要在病人身上下針的穴道處先按摩，然後拿出針來給病人看，說明將要下針，這時病人會因為恐懼，而把注意力集中到扎針的穴道上。此時，身體氣血必然集中在注意力聚集的穴道，這樣一來，當針刺下去後，病邪之氣較易外洩，從而提高療效。

　　明代醫家江瓘的《名醫類案・諸蟲》書中記載：「洛州有士人，

患應聲，語即喉中應之。以問良醫張文仲，張經夜思之，乃得一法，即取《本草》令讀之，皆應，至其所畏者，即無聲。仲乃錄取藥，合和為丸，服之應時而止。」這段文字是在說，唐代名醫張文仲遇見一位書生，得了一種奇怪的應答之病，就是每次自己在說話時，就會聽到自身喉嚨中也會出現應答的聲音，當時張文仲也沒見過這樣的怪病，只好想一個妙法，因書生好學，張文仲就拿出一本《唐本草》的書讓書生朗讀，發現書生在朗讀大部分的內容時，會出現應答之聲，但當該書生讀到一些會令他害怕的藥名時，便不會出現應答聲。於是，張文仲便將這些會令他害怕的藥物配置成丸劑，暗示書生吃了這丸劑後，應答之聲便會消失。果真當書生吃下藥丸時，就會聯想到之前看到這些藥名時，應答之聲會消失，因此減緩了應答之聲。

其實就現在看來，這位書生的應答之聲，就是現代精神病中的幻聽症狀。在實務上，對於病情發作時出現的幻聽或妄想症狀，有時候也會順著病人的想法，做出對病人當下較好的暗示，但通常也只是緩解一時，最終還是要找出病因，對症下藥才能真正改善。

♥ 心病，心藥醫

《名醫類案・癲狂心疾》書中記載：「龐安時治一富家子，竊出遊娼，鄰有斗者，排動屋壁，富人子大驚懼，疾走惶惑。突入市，市方陳刑尸，富人子走仆尸上，因大恐。到家發狂，性理遂錯，醫巫百方不能已。龐為劑藥，求得絞囚繩燒為灰，以調藥，一劑而愈。」龐安時是北宋時期著名的傷寒學家之一，被譽為「北宋醫王」，他也曾用暗示情志法，治療一位富家子驚嚇恐懼的症狀。這位富家子因為趁

著半夜偷偷溜出門尋歡，正巧碰到隔壁有人打鬥，富家子以為偷歡之事被發現，有人來捉姦，在倉促逃跑之際，一不小心跌倒在路中某屍體之上，驚恐萬分，回家後躲在房內，只要有人進來，就害怕是要來捉他，請求對方饒命。家人詢求許多名醫均無效，最後找到龐安時。龐安時在詳細瞭解病因後，認為富家子的驚嚇恐慌，是來自擔心被官府懲罰，認為這是心病，需要心藥醫，於是將象徵官府懲罰的囚繩燒掉，並用權威的語言告訴他：「我已經將囚繩燒掉成灰了，並將灰燼調配至藥物，服下之後，官府便不會來捉你。」富家子服下藥物後，精神便恢復正常，不再驚恐。

在華人社會中，若是遇到生活挫折、運氣不順、身體疾病或是莫名驚嚇，許多人會尋求一種傳統的療法——收驚。在收驚的過程中，施術者會配合儀式化的行為，再加上口中念念有詞，表示將會借由神力來驅除身心不適或是不順遂之事，這其實也是對受驚者的精神作暗示性的治療，並借用靈性的力量來安定病人的心神。

♡ 安慰劑效應

在一七七〇年代，一位維也納的醫師法蘭茲‧安頓‧麥斯默（Franz Anton Mesmer）宣稱能用磁鐵治癒病人，他認為人體內有一種生命磁力，疾病會導致磁力不順，可以透過磁鐵移除不順，當時也的確有不少成功的案例，但後來經過調查，認為他的說法並無科學證據，只是心理作用造成（Franklin et al 1785）。那麼，療效從哪來呢？應該是因為麥斯默利用病人對他的信任及心理暗示達到的效果。

一九五五年，畢闕博士（Henry K. Beecher）提出一個名詞叫做

「安慰劑效應」（Placebo Effect），在他的研究中發現，大約四分之一的病人服用安慰劑（指的是不具生理藥效的藥物），例如服用聲稱可以醫治背痛的安慰劑後，其疼痛會得到舒緩，而這些疼痛的緩解，不單是靠病人主觀的認為，還可以利用客觀的方法檢測證實。這個疼痛改善的現象，並沒有出現在未接受安慰劑的病人身上。

一九九六年，班森醫師（Herber Benson）把安慰劑效應視為一種自我療癒，他認為安慰劑應有三成的效應，如果再加上病人的堅定信念，療效可能增加七到九成；若是質疑醫者的治療，就算是真藥，實際療效也會降低到三至四成。

在一些中醫針灸的研究上也會發現這個效應，比較使用針灸和安慰劑（比方說使用假針，將針刺在錯誤的穴位上）的效果。研究結果發現，針灸及假針都會比沒治療來的具有緩解疼痛的效果，針灸則比假針的效果再好一些（Vickers 2012）。

緩解疼痛的效果，可能跟腦部釋出的化學物質**內生性鴉片**（Endogenous Opiates）有關，因為這物質可以產生鎮痛、麻醉，甚至愉悅的感覺。同樣對疼痛病人給予注射止痛劑，有醫師在場比不在場的止痛效果，也會增加百分之五十（Amanzio 2001）。

在憂鬱症病人方面也有研究發現，使用安慰劑的病人，大腦血液的流動會出現變化，同樣的腦部功能變化，也會在對抗憂鬱藥有反應的病人身上出現（Leuchter 2002）。還有研究發現，使用抗憂鬱藥能降低百分之四十的自殺率，使用安慰劑也能降低百分之三十（Khan 2000）。

♥ 誘發自癒力

暗示情志法其實就包括了安慰劑效應及暗示催眠效應，這必須是要相信才有效，愈是內心沒有雜念而誠心相信的人，反應愈強。在許多宗教或民間習俗中，都會有專注心神、反覆誦念的行為，這些行為也就是要達到不受雜念干擾、活在當下的狀態，自然能出現自我療癒的能量。

這種自癒的能量其實也不單只有心理的作用，也涉及到一些生理機制，例如自律神經系統、神經細胞免疫學、體內壓力軸（HPA Axis）的調節平衡等，但要特別注意，暗示情志法並非對所有疾病都有顯著療效，必須是在能誘發出自我療癒機制的作用下，才有治療成效，例如緩解焦慮、憂鬱或疼痛。但若是嚴重心血管疾病、糖尿病或是嚴重的精神病發作等，有明顯病因的疾病，還是要靠適當藥物治療來矯正病理機轉。

以理遣情法（理情）

　　中醫認為情志理論中「情」包括情緒感受，「志」包括認知思考的過程。情與志是會互相影響的，認知思考的過程會影響情緒的感受，情緒感受也會影響認知思考的過程。因為**負面情緒所困惱的個案，常源自於錯誤或扭曲的認知理念**，所以治療目標是要客觀分析個案的「情」，是如何受到認知思考的影響，找出扭曲不合邏輯的認知思考，進行辯證面質（例如：有何證據支持這樣的想法呢？），並客觀探討原始認知是否符合現實及理性邏輯，讓個案對自己不理性的想法產生疑惑，進一步駁斥這種不理性的信念；一旦不理性信念受到改變，負面的情緒自然就會減緩。治療師同時也可以教育個案，一同找出較符合現實的認知思考，可以詢問個案：「如果改變你的想法，你的情緒及行為可能會有什麼影響呢？」、「如果不改變，又會有什麼影響呢？」**以理遣情法便是要用說理的方式，教育或矯正個案的不理性認知，以帶來認知、情緒及行為的改變，這當中包括教育開導與理性分析兩部分。**

♥ 教育開導

　　治療師會教導個案，遇到負面情緒來襲時要如何調節心情，例如轉移注意力、腹式呼吸、與他人溝通、適度運動等，讓衛教個案有更多的方法，去面對自己的情緒困惱，以及紓解不良的情緒。而個案在

經過開導說明後，情緒管理能力自然能提升，但這種方式通常對於一般人或是輕微身心疾病的病人較為有效。若是遇到嚴重的憂鬱、焦慮或精神病時，效果則較不如預期。此外，這也跟治療關係有關，通常在個案十分信任治療師時，教育開導的話語才比較能被接受。

♥ 理性分析

　　一九五〇年代，艾理斯（Albert Ellis）創立理性情緒療法，以認知的理論為基礎，融合行為療法的某些技術而成的治療方法，被稱為「ABC 理論」。一九九三年，艾里斯將理性情緒治療法改為「**理情行為治療法**」（Rational Emotive Behavior Therapy，簡稱 REBT），人既可能具有理性合理的信念，也可能擁有非理性的信念。當人按照理性信念去思維行動時，比較容易得到愉悅；若是常有非理性的信念，則容易有情緒困擾。那麼，「理性」與「非理性」的信念差別在哪呢？

　　理性的信念是合乎邏輯常理且具有彈性，能隨著生活情境變動而做出合邏輯的、可被理解的、最適合當下的改變。非理性的信念通常是不完全合乎邏輯的、是僵化、不具變通的，而且經常是表面上看似合理，但經過驗證後卻又不合邏輯，在遇到壓力情境時，沒有彈性，只會運用過去非理性的信念來解決壓力事件。理性的信念能協助人達到身心健康的目標，長期用非理性的信念處事，容易增加身心上的壓力困擾。

　　常見的非理性的信念，在表達上通常會出現**應該、不應該、必須、一定、絕對……**等較不具彈性的字眼，例如：

（1）我應該被周圍的人所愛與稱讚！

（2）我必須非常能幹、完美及成功，如此才有價值！

（3）幸福的女人一定有一個強者老公可以當作靠山依賴。

（4）生於憂患、死於安樂，我們必須時時刻刻憂慮生活中可能
　　　遇到的危險情境，不能過於安逸！

（5）當我遇到困難時，家人絕對要無條件挺我啊。

♥ ABC 理論

所謂的 ABC 理論，簡單介紹如下：

- **緣起事件**（Activating Event），可能是現在、過去或是未來的
事實、事件、或一個人的行為或態度。
- **信念**（Belief），包括一個人對 A 的「理性」或「非理性」信
念。
- **情緒與行為的結果**（Emotional and Behavioral Consequence），是
經過 A＋B 之後所出現的情緒與行為結果。

之後還有：

- **駁斥干預**（Disputing Intervention）
- **效果**（Effect）
- **新的感覺**（New Feeling）

　　人通常會很快速的從 A 跳到 C，而忽略 B 的影響。舉例來說，
一位三十五歲的女同事向交往五年的二十八歲男友主動討論結婚規劃

時，男友直接說他還不想結婚，女同事因此感到生氣及低落，三天冷戰不聯絡，甚至有想分手的念頭。

這位女同事從 A：不想結婚，直接跳到 C：生氣（情緒）及三天冷戰（行為）。介入時，可以先探討 B，結果發現許多「非理性」的信念，例如：

（1）交往那麼久還不想跟我結婚，他一定不夠愛我。

（2）一定是他家人嫌棄我年紀太大。

（3）我完蛋了，他不想跟我結婚，我一定很難再找到對象了。

（4）我必須要他承諾結婚，不然就分手。

（5）他不應該這樣對我的，我是女生都主動開口談結婚了。

清楚 A、B 與 C 之後接著是 D，也就是駁斥。駁斥是要協助個案，向他們的非理性信念挑戰。例如提出疑問：

（1）交往那麼久還不想跟妳結婚，代表他一定不夠愛妳嗎？能說說還有沒有其他不愛妳的行為呢？

（2）有沒有什麼證據，可以說明是他的家人嫌棄妳的年紀呢？

（3）假設最後他選擇不跟妳結婚，妳就一定找不到更愛妳的人嗎？

（4）妳的意思是，如果他還沒辦法跟妳承諾結婚，就代表不夠愛妳，所以妳就決定分手嗎？

（5）女生不能主動開口談結婚嗎？女生一旦開口，男生就要答應嗎？

經過駁斥階段，就要進入 E 的階段，E 就是能讓個案以較理性幽默的思考，取代非理性的思考，例如：

（1）過去五年，其實他都對我很好，還是很愛我的，只是現在還不想跟我結婚，可能是因為結婚是件大事，他還沒想清楚。等冷靜點再聽他說吧！

（2）其實他的家人也還滿接受我的，只是因為他是獨子，我自己擔心生育的問題，但這部分我可以跟他進一步討論。

（3）假設他真的不跟我結婚，那我想我們的確也不適合繼續在一起，未來自然會再找到適合的人吧！

（4）如果他沒辦法承諾跟我結婚，代表對於婚姻規劃可能跟我有落差，我可能還是會跟他再討論多一點之後，再決定是否分手。

（5）哈哈，在現在男女平權的時代，好像沒有什麼是女生不能主動說的喔！男生開口，女生可以不答應，要是女生開口，男生當然也可以拒絕，只是被拒絕會感到難過罷了。

一旦成功的到達 E 階段，就能創造出 F 階段，這是一種新的感覺階段，也就是不再感受到嚴重的生氣及低落，能配合當時的實際情境，產生有別於原本的情緒與行為，從較強烈的生氣、低落的情緒，轉為較為合理的擔憂、難過的感受。從三天冷戰不聯絡轉到冷靜思考，製造機會給對方說明解釋及討論，最終無論結果如何，能理性的接受，面對現實。但有些個案不容易走到 E 的階段，這時候還要考慮個案過去的成長經驗，過往與重要他人的互動關係，以及當下精神的狀態。

♥ 搭配不同方法，回溯過往經驗

　　中醫很重視系統觀，但在華人的心理上，比較少談及家庭對自己的影響，尤其會避談負面影響，這可能跟中華傳統文化思想有關，例如家醜不外揚。一個人出現既有認知的思考模式，常常是根源於家庭及社會中一些理念或規則，我們要從系統的角度來協助個案，一同探索他成長過程中的互動經驗，並理解該經驗是如何影響他的情緒與思考行為模式。

　　這裡說的「理解」包含同理與瞭解，因為在探索個案非理性的信念時，常常會湧出許多跟過往經驗有關的情緒，所以在使用「以理遣情」的方法時，要適時搭配「抒情順心法」。當個案真正理解到，當他們在面對壓力時的因應策略與非理性信念，是如何受到家庭規則、家庭角色的影響，以及是從小在家庭中模仿學習而來的經驗，唯有理解這種種的因素之後，才能產生新的視野，看待當下情緒困擾的真實成因，同時開啟新的機會，與治療師一同討論經驗，並選擇新的想法信念與壓力因應的策略。

心智化情法（智情）

　　心智化情法要先提到在心理學裡的心智化（Mentalization）。**心智化的能力或者說反思能力**（Reflective Function），**簡單來說，就是指認識自我與他人心理狀態的能力，包括想法、感受、慾望、動機等**，因此他人的行為也變得有意義而且可以預測（Baron-Cohen 1995；Baron-Cohen，Tager-Flusberg & Cohen 1993；Morton & Frith 1995）。這項能力源自於與重要他人相處的早期經驗，透過父母或照顧者對於嬰幼兒的照護，使自體（Self）得以發展所形成（Bateman & Fonagy 2004）的能力。這些寶貴的成長經驗讓人從小建構並組織成一組獨特的自我與他人的表徵，當他們更加瞭解他人的情緒行為時，就能更有彈性的在特定的人際情境中，做出最適當的回應。

　　以心智化為本的治療（Mentalization-based Treatment）是從精神分析與依附理論出發，著重於情感調節，創造安全依附，促使自體發展。**心智化治療的介入是體驗式的，著重過程、而非內容。**

　　心智化和同理是類似的，但又超越了同理。同理主要涉及他人與感受兩個部分，而心智化涉及了自我、他人、感受與想法四個部分，簡單說，就是同時覺察到自己與他人的心理狀態，包括同理自己及他人。高效能的心智化能力能在治療師深度的同理下，增進個案對自我與他人的覺察；低效能的心智化能力，則使人無法完全解讀自我與他人的情緒、認知、行為，妨礙心理健康，可能包括不準確的回應、錯誤歸因、抑制表達負面情緒及過於簡單的處理壓力事件。

舉例來說，當一個小男孩跑向媽媽，因為跑太快、跌倒受傷而大哭時，低效能的心智化回應可能包括：

（1）男生跌倒有什麼好哭的？

（2）你是個愛哭鬼喔？

（3）叫你不要跑，你還跑，活該啦！

（4）都是媽媽不好，沒有注意到，對不起喔！

（5）不要哭喔，都是地板不好，媽媽幫你打打地板，地板壞壞。

（6）跌倒是小事啦，傷口一下就好了。

高效能的心智化回應可能包括：

（1）哦……你還好嗎？

（2）有很痛嗎？

（3）是不是想趕快跑來找媽媽呢？（同時看著傷口並輕輕的抱抱他。）

♥ 心智化的情感性因素

　　Fonagy 等人於二○○二年區分了三種心智化的情感性因素，包括**辨識情感、調控情感**以及**表達情感：**

- **辨識情感**：指的是能清楚的標定基本情緒，並能理解且區別出情緒的複雜因素與脈絡。

- **調控情感**：指的是能適當的擴大或縮小情感的表現強度，以維持在一個情感較平穩的狀態。

- **表達情感**：指對內（自己）及對外（他人）適當精準的表達情感。在某些情境下並不適合對外表達自己的情感，這時候，對內的表達情感便很重要。

　　以心智化為本的治療目標，就是要提升有關自我、他人及關係的心智化能力，並學習如何辨識情感、調控情感以及表達情感。在會談技巧上，要先對個案有充分的好奇心，鼓勵辨識情感並搜尋隱藏的感受，例如：「我很想知道，當妳碰到 X 事件時，妳的感覺／想法是什麼？還有其他感覺嗎？」若發現個案有高效能心智化的經驗，要給予正增強且讚美肯定，例如：「我發現，當你遇到 X 事件時所出現 Y 的表達反應時，家中每個人的感覺都很棒喔！」若是在互動中識別出個案有低效能的心智化互動方式，需要適時運用暫停的技巧，中止持續進行低效能的心智化互動，並嘗試將治療師本身的高效能心智化能力，投入在治療的關係體驗中。

移情調志法（移情）

　　移情調志法就是協助轉移個案的注意力至其他人事物、環境或想法，促進產生陽性情緒與正面思考的方法，在《黃帝內經・素問・移情變氣論》中則稱為「移情變氣」，書中提到：「古之治病，唯其移情變氣。」在古代，醫家遇到患者因過度關注身體某些部位，而產生異常感覺、知覺和不良行為時，時常使用移情變氣法來治療。也就是說，與其攀山越嶺，不如繞道而行，依然能達到設定目標。

　　人有時會將專注力一直集中於某些負面事物或疾病，會對專注的事情愈來愈敏感，接著困擾也會愈來愈明顯，例如情緒憂愁、抑鬱、煩悶，甚至出現頭暈、心悸、胸悶、肩頸痛、腹脹、腹絞痛、腹瀉、麻痺感等身心症狀。這些困擾會因為太專注而惡性循環，難以解除，此時可採用轉移情緒、調節認知的方式，分散個案對原本執著的事物或情緒，將注意力轉移至他處，使紊亂的臟腑功能恢復平衡。對於治療有抗拒的個案，也能使用這個方法，治療目的包括促進個案的良性改變；治療上可依據個案的不同問題、不同疾病、不同環境，透過言語、行為、環境改變方式，促使個案將原本專注的負面事物，轉移至其他事物，找出過往負向經驗中特別的正向經驗，從陰性情緒中找出陽性的情緒。

　　如同太極圖中，陰中有陽，陽中有陰，在個案的負面經驗中（陰性情緒），找出潛藏例外的正面經驗（陽性情緒），然後將焦點不斷聚焦在正面經驗（陽性情緒），並探討當時個案是如何獲得成功，找

出原本擁有的能力，並且不斷加以肯定，增加自信，促使正向經驗循環的產生。

金元時期醫家張子和於《儒門事親・卷三・九氣感疾更相為治衍》記載，一名楊姓中醫師治療一位腹瀉不止的患者，楊中醫師並未針對患者的病情做問診，而是直接與人聊起日月星辰運行的規律和風雲雷雨等氣象變化，聊了三四個時辰，連患者都聽得專注而忘記了腹瀉的問題。楊中醫師說：「治療這類腹瀉不止的患者，應要先問其喜好，喜好下棋的，就跟他談棋；喜好音樂者，就給他樂器，不要讓他停掉他所喜好的。」如此一來，患者將專注力集中於興趣上，不再時時關注病情，心身症狀自然就減輕了。

♥ 具目的性的活動

在精神醫療中，職能治療（Occupational Therapy，簡稱 OT）是一個很重要的治療活動，在日本稱為作業療法，中國稱為作業治療或工娛治療，香港稱為職業治療。**職能治療透過有目的性的活動**，例如繪畫、書法、美術、剪紙、園藝、歌唱、球類、運動、太極、瑜珈、下棋、打牌等，**從而治療、協助及維持患者生理與心理上的健康，或舒緩患者在發展或社會功能上的障礙，增強他們生活技能，以獲得更佳的生活獨立能力**。在精神病房中，提供職能治療能將認知、知覺障礙症狀的患者，例如幻聽、妄想或怪異行為的病人，轉移注意力至其他有意義的活動，減少精神病人因幻聽妄想所產生的不良適應行為，同時減輕焦慮、煩躁或憂鬱情緒等症狀，進一步因病人生活技能的提升，而增加自信心及自我價值感。

清代醫家陳孟雷的《古今圖書集成・醫部全錄・醫術名流列傳》書中，提到一位有幻聽症狀的孕婦，她總是聽到自己腹中的胎兒在哭泣，因而影響情緒，找了許多當代醫家治療都無效，最後請來名醫程世光。程世光診視後，將一把豆子撒在地上，要求孕婦低頭一粒一粒去撿，經過一段時間，因為孕婦專注於撿豆子，便不再覺得聽見胎兒的哭聲。

臨床上，許多精神病人的幻覺或妄想症狀無法完全藉由藥物治療來消除，移情調志法可以讓病人減少幻聽或妄想所產生的干擾，減輕負面情緒及不良適應的行為。

治療憂鬱症的個案，也常合併使用移情調志法。曾有一對原本感情融洽的夫妻，太太因為失眠及憂鬱心情而求治。當時因為出現太太常覺得先生似乎不太在乎自己，雖然多次溝通，但常以吵架收場，久而久之雙方感情生變，太太出現憂鬱情緒，先生也萌生離婚念頭。在診間會談中發現，太太十分專注在夫妻雙方互動的小細節，愈想愈是難過及氣憤，也愈來愈沒有自信心。而這些狀況都是在先生退休之後，雙方互動太密集後出現的狀況。

在治療過程中，我先用以理遣情法介入，發現太太對於夫妻關係的期待過高，並有個非理性的信念，就是先生應該要凡事順著太太、禮讓太太，認為這才是愛。我再去探索這個信念的源頭，發現這源自她從小原生家庭的經驗，她的爸爸大媽媽十五歲，她眼中看到的爸爸非常疼愛媽媽，事事順從媽媽，因此她覺得這才是真正愛的表現。

在先生退休前，因為工作忙碌，所以下班後的短暫相處時間內，先生總是能達到太太的期待，但退休後，先生整天在家，太太開始將專注力完全放在夫妻相處的細節上，生活中希望先生陪她買菜、參加

聚會、幫忙家務等，期待先生時時刻刻的陪伴，並充分認真傾聽她的心理困擾，而且想法應該要跟她一致；這樣日子一久，先生情感上便無法負荷，一旦提出不同的想法就會出現衝突的情緒。

在伴侶會談中，我讓雙方充分表達及理解雙方對婚姻認知的差異處，也同時強調夫妻關係的界線問題。我知道，先生其實還是很在乎太太，在幾次會談後，我得知太太本身具有藝術及歌唱天分後，開始加入移情調志法。之後在每次會談中，我都會花點時間跟夫妻雙方聊聊，他們過去有趣的生活經驗，及曾經想做、但沒機會完成的事情，鼓勵太太去學油畫及歌唱，先生去運動練太極拳；這些都是雙方曾經想去做，但受限過去生活忙碌而未能認真去做的喜好。每次回診時，我也會充滿好奇心的詢問他們各自學習的過程，讓他們彼此專注的觀察對方在學習過程中所獲得的喜悅感，相互分享愉快之話題，藉此轉移太太過度專注先生不符合自己期待的部分，轉至專注自己所擅長、愉快的事物，讓夫妻間的界線出現彈性，從負面情境中跳脫至較正面的情境。

一段時間之後，夫妻衝突逐漸變少，妻子能去社區大學教油畫，先生也持續學習太極拳，空閒時會陪同妻子一同去教畫，彼此重新調整對婚姻的認知，找到雙方都能滿足的新退休生活方式。

♥ 疏導負面情緒的活動

在個別治療時，有些個案經常會有處在負面情緒、但無處可抒發的情形，雖然在治療中可以用抒情順心法，幫助個案用較合理的方式，疏導負面情緒。但是個案有時會問，心情不好時，也不是隨時就

能找治療師或其他朋友聊聊，怎麼辦？這時也可以用簡單的移情調志法，下面介紹其中幾種方法：

撕紙法

　　首先準備好一些紙，試著把你所有的負面情緒寫在這些紙上，接下來，把這些紙，一點一點撕成碎片，也可以同時拿起幾張紙，有規律的對半撕，或是毫無章法的亂撕，待強烈的情緒過後，再把撕碎的紙整理丟棄。

橡皮筋彈手法

　　有些情緒障礙較嚴重的個案，當強烈情緒來時，可能會有割腕的意念或衝動無法淡化。這時候建議個案可以在手腕套上橡皮筋，當強烈情緒來時可以拉開橡皮筋，利用反彈的力量造成手腕表皮的疼痛感，並離開當下所處的環境，藉此轉移對強烈情緒的注意力。

成為照顧者

　　病人也會與我分享，他們自己移情調志的好方法，給了我許多建議。有的病人種植花卉或是小盆栽，他們覺得，雖然植物沒有直接與人互動，但每天細心施肥、照顧，看到植物慢慢生長，真的很療癒，也有病人養寵物，例如貓、狗、蛇、九宮、烏龜、魚等，寵物與人類頻繁互動，能從飼養中轉移注意力，並得到情感上的滿足。唯一的缺

點就是，寵物也有生老病死，面對寵物生病，甚至逝世的過程十分煎熬，我時常陪伴病人度過這段時間。不管養動物還是植物，重要的是先學習當個照顧者。很多人在生活中習慣照顧他人，卻忘了照顧自己；可以藉由照顧動植物，同時也好好照顧自己的心靈。

穴位按壓法

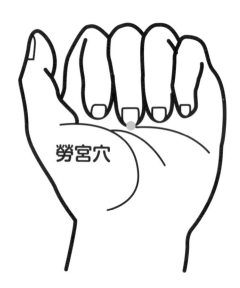

　　如果容易在某些特定情況感到焦慮，例如社交、密閉空間、空曠空間、交通工具等，可以運用中醫醫家治療情志困擾的特效穴——勞宮穴。「勞」意指勞作，「宮」則是宮殿，勞宮穴是手厥陰心包經的榮穴，取穴方法是握拳屈指，中指指尖對應的掌心中央位置即為勞宮穴，雙手各一。當有情緒焦慮、煩躁不安、注意力無法集中等情志困

擾時，可用拇指以旋轉方式，按壓另一掌心中的勞宮穴約三十秒，其餘四指則放在手背後支撐，直到掌心產生微熱感。

刺激勞宮穴有助強化心包經，減少外邪對心神的傷害，從而泄心火，讓思維恢復清晰，緩和焦慮、浮躁的情緒。有時會見到長輩們手握兩顆圓球在掌心打轉，其實這個動作也可刺激勞宮穴，收到調養心神、放鬆心情的效果。

禪繞畫

二〇〇四年，一對美國夫妻芮克・羅伯茲（Rick Roberts）和瑪莉亞・湯瑪斯（Maria Thomas）創立禪繞畫（Zentangle），這是一門新的藝術理念，理念很簡單：凡事都有可能，只要一次畫一筆。循此概念下發展出一套簡單的畫圖方法，專注於每一筆，能讓人從繪畫的過程中感到平靜。

「禪」本身就代表了靜心，利用放慢速度的方式，來感受與珍惜面前的所有；而「繞」則代表著藝術，透過一筆一畫的方式來構成一個畫面，不論任何年齡，都可以完成一幅賞心悅目的作品。

禪繞畫最大的特點是不使用橡皮擦，理念是因為畫畫就好比人生一樣，如果說錯了一句話，做錯了一件事，已經沒有辦法再回到過去把不好的回憶擦掉，與其花時間在煩惱過去已發生的事實，還不如專注把握當下，換個角度思考，繼續畫下去。

定情安神法（定情）

　　心理治療中有一項很重要的治療因子，就是治療師要給予個案穩定情緒及安定心神的感受，以心理學來說，就是治療師除了幫助個案情感調節外，同時也提供了安全的情緒避風港，又可稱為支持性環境（Holding Environment）。治療師能涵容（contain）個案的任何情緒；在心理學上，涵容的意思是，個案的苦惱擔憂能被認真的聽到、看到、確認到並且被理解到，他們的治療師，也能保持情感上的連結與回應，沒有削弱或誇大。個案能感受到治療師有更具智慧的方式，在旁邊協助處理他們的問題（Cooper, Hoffman, 2016），並能有效能的回應；也就是在面對個案的苦惱時，透過語言與非語言的接觸，包括眼神接觸、聲音語調、表情甚至是肢體等，保持一個穩定的陪伴。

　　在治療師與個案的互動中傳達的重要訊息包括：

（1）我可以聽到你難以應付的情緒，我也知道這些情緒對你的影響。

（2）我可以穩定的陪你容忍這些情緒，並持續的提供情緒支持。

（3）我們可以一起經歷並探索這些情緒，你不需要一個人孤單面對。

　　有些個案會容易出現恐慌、情緒不安、悲觀想法等情緒障礙，臨床上除了給予涵容、傾聽、同理、調整認知的想法之外，其實也有期

待被理想化的人，給予肯定及信任的需求。主動求醫者，多半會選擇自己較能接受的治療師，也會有理想化治療師的傾向，內心總希望自己所選的治療師，具備足夠能力來幫助自己，這在心理學上的角度，可能是具有「正向移情」的醫病關係。

移情（Transference）這個詞最早是由佛洛伊德提出，是精神分析學的重要概念之一，**意思是指病人的欲望轉移到分析治療師身上而得到目的過程。**不同的心理治療學派對於移情的觀點也不同，也有些學派會廣義的來講移情，簡單的說，就是把過去對 A 的情感經驗，轉移到現在的 B 上。正向移情則是病人投擲到分析治療師身上的情感，是積極的、溫情的、仰慕的。通常正向移情有利於治療，普遍民眾對醫療人員的觀感都是正向的，所以求醫過程中大多是傾向帶有正向移情的關係；然而正向移情是否能持續，與醫療人員能給病人的病情解釋及處置過程的互動關係有關。

 具信賴度的詳細說明

南宋醫家許叔微於《普濟本事方‧卷一》中記載一董姓書生的怪病，他常心神不寧，自覺睡覺時，身在床上、但靈魂會離體，易受驚嚇，多惡夢，常因此整夜失眠，曾看過許多醫師都無效，最後找許叔微求治。

許叔微問：「之前大夫都說你是患有何病？」

書生回：「大家都說是心病。」

許叔微說：「從脈象來看，你是肝經受邪氣困擾而非心病，因為肝經氣虛，邪氣入侵所致，肝主藏魂，正常人的肝經沒受到邪氣侵

擾，所以精神安定睡眠好，但你因肝經受邪氣侵擾，魂無法歸臟，所以睡眠過程魂不守舍，感覺靈魂出竅，離開身體。肝經又主怒，所以你只要稍稍動怒，症狀便會加劇。」

書生聽完解釋後，高興的說：「您的見解我前所未聞，雖未服藥，但已覺我的重病好了不少。我想再向您尋求藥物治療！」

於是許叔微寫了兩付處方給他，服用一個月後就痊癒了。

從這古代案例可以看到，光是這位醫者有信心的清楚說明病人病情症狀與解釋病因病程，就足夠讓病人安定心神、好了大半，可想而知，再開立適合藥方，自然較快痊癒；反之若是醫者給病人猶豫不決或是無法信任的感覺時，就容易從正向移情轉至負向移情，病人表現為不相信治療，甚至否定醫者能力，轉至他處求醫，有礙治療進展。

臨床上，在罹患恐慌症、焦慮症及身心症的病人身上，常常會對自己症狀的病因診斷感到疑惑，求診許多西醫急診或內科醫師，得到的答覆都不盡相同。

西方醫學強調實證，若是在血液影像等檢查中沒有異常，就可能會向病人解釋沒問題，認為是心理的問題，甚至直接建議轉介精神科，但在這過程中，往往造成病人對本身疾病產生更大的疑惑與焦慮，這是因為現代醫學未必能清楚說明，病人所面臨的主觀感受問題。因此，在這部分能以定情安神法，運用精神醫學知識及中醫理論，清楚說明疾病症狀產生的原因，生理如何與心理互相影響，藉此安定病人情緒，瞭解負面情緒的源起，自然會減少對疾病的恐懼，增加治療的配合度。採用**定情安神法，可讓病人較快面對現況，並積極與治療師配合後續治療。**

專心覺知當下

另外一種幫助自己定情安神的方法，就是**靜坐冥想**（Meditation）加**正念**（Mindfulness）。

三千年前的遠古時代，人類就開始有靜坐的行為。在世界上的重要宗教中都曾出現，包括佛教、印度教、回教、猶太教以及基督教中，都有文獻描述透過靜坐引發冥想狀態的儀式行為。一九七九年，正念減壓創始人卡巴金博士（Jon Kabat-Zinn）創設了正念減壓法（Mindfulness-Based Stress Reduction），首度結合西方科學研究與東方冥想禪修，現在早已不帶任何宗教色彩，廣泛在東西方文化各界運用，像醫學界、心理界、企業界、運動界、教育界等領域皆是。

正念並不等於樂觀或正向思考，而是一種專心覺察當下的精神狀態，平靜的洞察內在身心世界，觀照自己的一切身體反應、感受、念頭想法等，並以一種全然開放的心態，接納自己的全部體驗；以超然開放、不作評判的好奇之心審視當下，客觀如實的體驗自己的身心狀態，然後覺察外在的世界，就能進一步發揮改善心理健康、降低焦慮、預防憂鬱症復發等作用（Miller and Kabat-Zinn 1995；Fredrickson,et al. 2017），進而幫助我們做出更好的決策。

想達到正念的狀態，可以透過靜坐冥想的練習。一般人開始靜坐時，每次約進行二十至三十分鐘，每天嘗試一至二次，慢慢再把時間拉長。進行靜坐時，通常會先專注在自己的呼吸，然而實際上，人的專注能力有限，注意力很快就會從呼吸轉移到他處而進入冥想狀態。

冥想可以分為以下兩種方式：

開放式冥想（Opening-up Meditation）

腦袋放空什麼也不想，讓心靈全然澄清，以接受新的經驗。任何腦中浮現的念頭，就像飄過去的空氣一樣，平靜的看著這些想法、情感和欲望。

集中式冥想（Concentrative Meditation）

把所有的意念專注在一個事物上，例如專注在腹式呼吸，或是身體上的某些感官體驗。專注在腹式呼吸時，就把注意力持續專注在腹部呼吸時的起伏，腦中一旦跑出其他思維，就在把注意力繼續拉回腹部呼吸，經過長時間的體驗練習，注意力自然會提升，自己的情緒不安、防衛也會愈來愈少，而愈來愈容易作為一個旁觀者，平靜的看著自己，進而不會太快對外在情境產生強烈的情緒反應，體驗到更深層輕鬆平靜的自在感受。

靜坐冥想加正念的作用能夠放鬆身心，降低先前造成壓力刺激的敏感度、排除舊有不良的制約反應以及認知的修正。

佛教認為，貪、嗔、痴是人們煩惱痛苦的根源，加上華人社會十分重視道德行為，靜坐冥想加正念的過程中，能使人覺察到自己的貪婪、憤怒、嫌惡等心理狀態，是如何激發出不道德的行為，這些不道德的行為又會如何造成心理混亂、焦慮不安、擔憂愧疚等複雜的情緒。一旦能對此有所覺察，才會發現自己或許可以不用依賴外界的環境事物（例如財富、跑車、豪宅等）及提供人際關係（例如依賴、照顧、肯定等），就能達到內心的滿足。在與人相處上能增加同理能力，有助於理解及同

理他人；對自己而言，較能增加自信、自制力、滿足感、創造力、學業
成就及自我實現等。

正念的生理機制影響

　　二〇一五年的研究發現，正念在生理機轉上，能激活大腦中負
責「自上而下壓力調適」（Top-down Stress Regulation）的前額葉皮
質，在負責「戰鬥或逃跑反應」的應激反應腦區，尤其是杏仁核部
位，則能緩解其過度活躍（Taren 2015）。在二〇一六年的研究中發
現，連續三天高強度的正念加靜坐冥想，能增強大腦的「默認網絡」
（Default Mode Network）與負責壓力調適的前額葉皮質區域之間的
連接。默認網絡是指處於休息狀態的大腦，轉為活躍的一種大腦工作
系統。該研究還發現，正念加靜坐冥想能顯著降低血液中的白細胞介
素 -6（Interleukin-6）的水平。這種細胞因子與發炎免疫反應有關，通
常在壓力較大的人身上，白細胞介素 -6 會較高（Creswell 2016）。

　　在中醫的治療理念中也有藉由教導病人做包括呼吸吐納、導引、
靜坐等技巧，來達到調身、調息、調心的身心平衡狀態。唐代詩人白
居易的古詩《在家出家》有一段：「中宵入定跏趺坐，女喚妻呼多不
應。」白居易晚年疾病纏身，他在服中藥治療的同時，堅持靜坐養
生，以此祛病延年。定情安神法，就是治療師運用自己幫助病人安定
心神情緒，或是進一步教導鼓勵病人學習靜坐冥想加正念，藉由主動
或被動的定情安神，讓自己處在思緒平靜且心情愉悅的狀態，身體各
系統的機能自然能更易協調，達到平衡自癒的作用。

以情勝情法（勝情）

　　中醫運用情志相勝的心理治療方法源自《黃帝內經》，在《素問·陰陽應象大論》提到：「怒傷肝，悲勝怒；喜傷心，恐勝喜；思傷脾，怒勝思；憂傷肺，喜勝憂；恐傷腎，思勝恐。」除了提到五種情志會造成五臟的影響外，還談到五種情志彼此的互動關係，這主要是根據五行相生相剋的原理，也就是**金剋木→悲勝怒，木剋土→怒勝思，土剋水→思勝恐，水剋火→恐勝喜，火剋金→喜勝悲**。明代著名醫家張介賓進一步論證說明：「悲憂為肺金之志，故勝肝木之怒。悲則不怒，是其證也。恐為腎水之志，故勝心火之喜。恐則不喜，是其證也。怒為肝木之志，故勝脾土之思。怒則不思，是其證也。喜為心火之志，能勝肺金之憂。喜則神暢，故勝憂也。思為脾土之志，故勝腎水之恐。深思見理，恐可以卻也。」

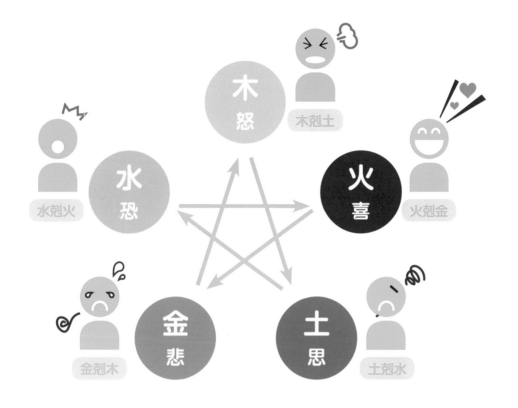

在歷代中醫學家中，「以情勝情療法」以金元時期醫家張子和經驗最豐富，他在《儒門事親》中提到：「悲可以治怒，以愴惻苦楚之言感之；喜可以治悲，以謔浪褻狎之言娛之；恐可以治喜，以恐懼死亡之言怖之；怒可以治思，以污辱欺罔之言觸之；思可以治恐，以慮彼志此之言奪之。凡此五者，必詭詐譎怪，無所不至，然後可以動人耳目，易人聽視。」他擅長將以情勝情療法的理論，實踐於臨床醫療，並流傳後世許多心理治療醫案，算是中國歷代以此療法應用記載最多的醫家。

金元時期醫家朱震亨則將以情勝情療法稱為「活套療法」，他在《丹溪心法》中提出：「五志之火，因七情而起，鬱而成痰，故為癲癇狂妄之症，宜以人事制之，非藥石所能療也，須察其由以平之。怒傷於肝者，為狂為癇，以憂勝之，以恐解之。喜傷於心，為癲為癇，以恐勝之，以怒解之。憂傷於肺者，為癇為癲，以喜勝之，以思解之。思傷於脾者，為癇為癲為狂，以怒勝之，以喜解之。恐傷於腎者，為癲為癇，以思勝之，以憂解之。驚傷於膽者，為癲，以憂勝之，以怒解之。悲傷於心胞者，為癲，以恐勝之，以怒解之。」他除了說明情緒如何影響臟腑之外，還強調對於精神疾患，必須結合藥物與心理治療才能有完整療效。

　　基本上，**以情勝情療法的治療策略，就是治療師有意識的採用某一種情志去戰勝、消除、調節個案所困擾的另一種情志**。這個依據五行相生相剋及中醫五志五臟關係的理論，發展出獨特針對情志的心理策略療法，過去有許多不同名稱，例如「以情勝情療法」、「七情相勝法」、「情志相勝療法」、「情志療法」或「活套療法」等，名稱不同，但治療方法相似。不過要注意，運用以情勝情療法時必須瞭解，中醫理論中各種情志之間的關係，並非單是一對一的關係，而是依五行相生相剋之理所形成的辯證關係，是一種心理與生理病理之間的互動關係，實際上也是一種調整整體氣機的方法。治療師能夠藉由這種治療策略，掌握個案的情緒狀態，幫助個案調節情緒，達到治療效果。特別要注意的是，個案的情緒狀態、生理病理以及性格因素息息相關，不可拘泥於五行相互乘剋之法而濫用此療法，以免造成個案負面的效果，必須以身心一體的觀點來看待當事人，隨時注意其情志變化，並依個案當下狀態，調整治療策略，才可能提供有效完整的治療。

接下來，我們將從五行相互生剋的關係，來說明各種治療策略。

怒勝思療法──怒療

臨床上思慮過度的個案很多，例如罹患憂鬱症、社交型焦慮症、廣泛焦慮症等，都常見有思慮過度的臨床症狀。在中醫理論中，認為思慮過度則傷脾。思慮過度，常使注意力過度集中於某件事物，因而氣滯氣結，日久會血液津液運行不順，導致血瘀，臨床上常見神疲、懶言、失眠、健忘、心悸、不思飲食、腹脹等症狀。由於五行中，木（肝）剋土（脾），肝木之志為怒、脾土之志為思，怒則氣上，思則氣結，怒療就是以怒則氣上，宣散思慮過度所導致之氣結，也就**是利用憤怒的情緒，來克制過度思慮的情緒。**

古代案例

醫家張子和曾經治療一富家婦人，當時她因思慮過度，兩年失眠，無藥可幫助她，其先生求治張子和。張子和說：「兩手脈俱緩，此脾受之，脾主思也。」張子和與其先生溝通後，將以怒療治之，於是便多收婦人醫療費用，並拿去飲酒，之後卻不開任何處方而離去，婦人知道張子和的行為後，大怒發汗，當夜便能入眠，八九日後飲食正常，脈象平。

東漢末年，有位郡守因思慮過度，導致氣滯血瘀，時常腹痛，尋求許多名醫針對腹症治療，均無療效，家人請來華佗治療。華佗分析其病因後，認為是思慮過度所導致氣滯血瘀症，結果他並未採用藥物

治療，而是採怒療法。華佗故意多次接受郡守贈送之禮卻不給予治療，並且留下一封書信羞辱謾罵郡守，郡守因而大怒，派人追殺華佗卻沒捉到，因此更加憤怒，突覺胸腹一陣難受，吐出黑血，其病自然痊癒。華佗利用怒則氣上及怒勝思的特點，讓肝氣升發，帶動氣血上行，迫使瘀血嘔吐出來，通則不痛，腹痛自然痊癒。

在使用怒療法時，還是要考量對方的人格特質及環境因素。戰國時期，宋國名醫文摯當時治療齊國國君齊湣王可沒那麼順利，當時齊王因患有鬱症，終日思慮憂愁，鬱鬱寡歡，缺乏活力，食慾差，王后及太子心急如焚，請求文摯前來醫治。文摯探視齊王病情後，與王后及太子說明考慮採用怒療法，但擔心若是激怒齊王，恐惹殺身之禍，但由於太子執意請求文摯治療，並保證若是治好齊王之鬱症，將會勸諫父王寬恕文摯。於是文摯與齊王約診，但卻連續三次爽約，第四次則姍姍來遲，並且不肯脫鞋就站在床上，踩著齊王的衣服詢問病情。起初齊王仍強忍憤怒不語，但文摯繼續出言不遜，激怒齊王，齊王終於起身斥責文摯，一頓發洩後，鬱症反而緩解了。雖然如此，齊王依然憤怒難消，下令將文摯活活煮死，即使王后及太子急忙勸阻，但最終文摯仍被殺害。

《怒療》中運用的憤怒情緒，是屬於陽性的情緒，因此適用於情緒低落、反覆思考、意志消沉等較屬於陰性情緒的症狀；但對於中醫理論中的肝陽偏亢、肝心火旺之實證個案，應避免使用怒療。

在臨床上，治療師可以有兩種治療策略，一種是以較為不溫暖的情緒（如強烈面質、輕視態度、諷刺、挖苦等）或行為（如沉默、露出不悅表情等）去克制個案不斷思慮的狀態。例如碰到雖然規律返

診，但卻不遵醫囑服藥，導致反覆憂鬱發病的病人，可以用面質的技巧去呈現出病人想接受治療、但又不配合吃藥的不一致態度；強硬一點的說法是：「你都不聽醫師的話，難怪一直發病，以後不看你了。」這種強硬的表達方式，若是在關係未穩固的情形下，應避免使用，因為容易讓病人感受到被拒絕，導致心理傷害及敵視心理。比較常用的是以語氣溫和、態度堅定嚴肅的方式表達，例如：「我發現你看起來很配合治療，但實際上似乎沒有想要好好接受完整的治療及改變，這是怎麼一回事呢？」清楚指出病人情緒行為表現上的矛盾及不一致的態度。

另一種是設法去誘發個案的怒氣，讓個案自行調節原本的過度思慮狀態，這時常運用在運動賽場上。菜鳥籃球員剛上球場比賽時，往往因想太多而施展不開，教練可能會用憤怒語氣說「你打球怎麼這麼軟啊」、「你這樣連老奶奶都能打贏你」、「再不投球，我就換你下場」之類的刺激話語，激發其怒氣之後、再中止思慮過度的狀態。

思勝恐療法──思療

臨床上會出現恐慌或恐懼情緒症狀的個案很多，例如罹患恐慌症、焦慮症、身心症等。在中醫理論中，認為長期驚恐則傷腎，過度驚恐會令人心理上惶惶不安、提心吊膽，生理上出現小便失禁、遺精、腰膝痠軟等。由於五行中土（脾）剋水（腎），脾土之志為思、腎水之志為恐，思則氣結，恐則氣下，**思療就是以思則氣結，收斂由於驚恐所導致的渙散之氣。**

記載於《晉書樂廣傳》中，關於杯弓蛇影的故事，就是一個典型案例。樂廣是晉朝名士，位居要職，常宴親朋，有次發現有一朋友長期不來，聽說對方生病，便去探問對方，對方說：「早前承蒙賜酒，正欲飲下，看見杯中有蛇，感到很嘔心，飲了後就病了。」事後，樂廣證實給朋友看，他所謂蛇影，原來是牆上「弓」的影子，對方釋懷後，腸胃不適症狀才改善。

在這案例中，可以看到樂廣的朋友因為錯覺，導致之後許多身心不適的症狀，可以說是心理影響生理所產生的心身反應，若是只針對生理症狀而忽略病因，只能治標不能治本。事實上是該友人錯把酒杯中弓的影子誤認為蛇而喝下，這是錯誤的認知。之後友人出現的腹痛及恐懼等不適症狀，是因錯誤認知所導致的後續身心上的反應。治療上，樂廣帶友人重回現場驗證說明後，才得以糾正其錯誤認知，一旦錯誤認知被修正後，後續身心症狀自然得以解除。

另有一古書記載，一孫姓孩童，有一天參觀寺廟，見到神像有鬍鬚，便好奇去試拔，拔得一鬚後告訴母親，由於母親信佛，便嚇孩童說：「晚上神明必來抓你，你要小心。」孩童相信母親說的話，於是出現驚恐的情緒，晚上寒熱交替。當代名醫應診，瞭解原由後，便跟孩童解釋，神像是泥塑所做，拔一鬚無礙，孩童不信，名醫佯裝憤怒，跟孩童說：「我去拔給你看！」名醫拔回鬍鬚給孩童看後，孩童隔日熱降病除。但其實，該醫家拔的是豬毛。由此過程可以知道，孩童並不會因為拔了一鬍鬚而發病，而是因為母親的嚇唬所導致。一開始醫家先用思療方式，讓孩童減少恐懼轉向思慮，之後再用怒療將孩

童的思慮解除。

對於此類因恐懼導致的疾患，古代醫者只要弄清病由，對症解之，病者自會減少恐懼，除去因恐懼導致的生理不適；在現代臨床策略上，可以利用思療引導個案思考其情緒是否合理，以理性的態度來引導個案。針對所驚恐的事務進行思考分析，過程不能只有保證，可運用以理遣情法，找出個案不合邏輯的非理性信念，並增加理性信念來逐漸克服恐慌或恐懼的情緒。例如遇到恐慌症的病人，在前幾次發作時，還是需要認真完整的檢查身體，讓病人清楚知道恐慌發作時的生理症狀，並不會直接造成生命的危險，這些症狀並非是真正的器質性因素，而是與焦慮情緒及自律神經失調較有關係。當病人對醫者有足夠信心時，再加上清楚的說明及衛教之後，病人的恐懼焦慮情緒就會下降。

恐勝喜療法──恐療

一般來說，喜樂是正面的情緒，也是大家比較喜歡的情緒，但在中醫理論提到，過度喜悅高興可能會令人心氣渙散、神思恍惚、健忘、嬉笑不休等，臨床上較常在躁症的個案上出現過度喜樂的情緒。由於五行中水（腎）剋火（心），腎水之志為恐、心火之志為喜；恐則氣下，喜則氣緩，**恐療就是以恐則氣下，來壓抑其過度狂喜的情緒。治療師利用恐懼的事或言語，來控制個案狂喜之情緒。**

古代案例

《續名醫類案》記載，某李姓父親因兒子考中進士等喜事而患笑

病，逢人便誇，每誇必笑，每笑便大笑不止，這樣的情況持續了十多年，請了許多醫師診治，都沒有效果。最後兒子李進士求治太醫，太醫跟家屬說：「病可以治，不過有失敬之處，還多加原諒。」隨即太醫遍派人到李進士的家鄉報喪，對他父親說：「你的兒子因患急病，不幸去世了。」其父親聽到噩耗後，頓時哭得死去活來，由於悲痛過度，狂笑的症狀也就止住了。不久，太醫又派人告訴李進士的父親說：「你兒子死後，幸遇太醫妙手回春，起死回生被救活了。」於是父親止住悲痛，也終止了十多年的狂笑病。

　　《洄溪醫書》也有記載，醫家徐大椿也是利用恐嚇病人患了不治之症，來治療一位「大喜傷心」的新中狀元。

　　古代醫家遇到過度狂喜的病人，常會先與病家溝通如何採用恐療法，再運用策略讓病人控制其狂喜的情緒。在現代臨床的治療運用策略上，包括在會談過程中採用明示或暗示的言語，讓個案產生驚恐情緒。例如我曾在精神科病房遇到躁症發作、狂喜過度的病人，對我說他要趕快出院，因為有十個公主要等他娶回家。我當下用被驚嚇到的表情回應說：「我好擔心喔，如果你持續處在這種狀態，你的腦神經細胞可能會受損，而且住院可能會住很久喔」，藉此來控制個案過度的興奮情緒。狂喜病人常無病識感，運用恐療時，須考量病人的教育程度、文化因素、性格特質、病理因素等，最好與家人先行溝通後再施行。

♥ 喜勝憂療法——喜療

　　悲傷憂鬱的情緒是較負面的情緒，臨床上是憂鬱症常見的症狀。在中醫理論提到，悲憂傷肺，悲痛、憂愁可令人形容憔悴、悲觀失望、沮喪、長噓短嘆、咳嗽氣喘、生痰生瘀、毛髮枯萎甚至有輕生意念等。在五行理論中火（心）剋金（肺），心火之志為喜、肺金之志為悲憂，長期情緒悲憂，容易導致氣機不暢；喜則氣緩，**利用喜樂情緒，來調節悲憂者的氣機。治療師利用言行或事物來使個案產生喜樂的情緒，以治療抑鬱悲傷的情緒。**

古代案例

　　《醫苑典故趣談》記載，清代有一位巡撫大人，終日愁眉不展，悶悶不樂，罹患現代的憂鬱症，幾經治療，終不見效，病情愈來愈嚴重。經人推薦一位名醫前往診治，名醫經望聞問切後，對巡撫大人說：「你得的是月經不調症，調養調養就好了。」巡撫聽了如此荒唐之分析，便捧腹大笑，每想起此事，便不禁暗自發笑，久而久之，憂鬱症竟好了。名醫解釋巡撫所患之病是「鬱則氣結」，如果能想辦法讓其心情愉快，笑口常開，久而久之，鬱氣則疏結通達，鬱症便能不治而癒。

　　有一天，醫家張子和遇到一個名叫項關令的人來求診，說他夫人得了一種怪病，只知道腹中飢餓，卻不想飲食飯菜，整天大喊大叫，怒罵無常，吃了許多藥，都無濟於事。張子和聽後，認為此病服藥難以奏效，即讓病人家屬找來兩名婦女，裝扮成演戲的丑角，故作姿

態，忸忸怩怩的做出許多滑稽動作，果然令病人心情愉悅，病人一高興，病就減輕了。接著，張子和又叫病人家屬請來兩名食慾旺盛的婦女，在病人面前狼吞虎嚥的吃東西，病人看著看著，不知不覺也跟著吃起來。就這樣，利用怡悅引導之法，使病人心情逐漸平和穩定，最後不藥而癒。

　　在臨床上的治療策略，對於有悲傷憂鬱症狀的人，可以利用幽默的溝通方式，引起個案會心一笑及歡樂的感覺，再順著個案的心情促進其產生喜樂的感覺。在我的門診中，曾遇到一位年輕貌美的太太，前來抱怨與先生結婚後，先生依然養著他與前女友養的貓，當她看到先生抱著貓，以及自己要幫忙照顧這隻貓時，心情就很差。我在傾聽她的描述後並順著當下情境談下去，最後一同聊到妻子的表現好像後母喔～只差沒給貓吃毒蘋果。聊完之後我跟個案都哈哈大笑，瞬間減輕個案難過的情緒，也可利用獎勵方式，激發個案的成就感，進而產生歡樂感。這種以歡喜的情緒來戰勝悲憂的情緒，在日常生活中也常被使用，但須注意，如果個案之悲憂程度已達病理狀態，甚至有喜樂不能的現象，例如原本喜歡唱歌或打球的人，後來對於這些活動都沒興趣了，即使做了也沒喜樂的感受，這可能已達嚴重憂鬱的程度，建議要就醫評估，採取藥物合併心理治療，避免延誤病情。

♥ 悲勝怒療法——悲療

人遇到不順遂的事物，常會出現憤怒情緒，憤怒的情緒也常會在憂鬱症或躁鬱症患者身上出現。中醫理論提到大怒傷肝，長期的憤怒情緒會令人出現衝動的行為（如打人或破壞物品）、煩躁、面紅耳赤，甚至有頭暈目眩、吐血、昏厥等症狀。在五行理論中金（肺）剋木（肝），肺金之志為悲憂，肝木之志為怒；**怒則氣上，長時間有憤怒情緒，容易導致肝氣鬱結，甚至肝火上炎，悲則氣下，具有收斂陽氣，鎮靜精神的作用。**

古代案例

《景岳全書》記載，明朝時有位官員娶了兩個小妾。有一天，其中一位小妾燕姬與另一小妾發生口角後，便情緒激躁，又叫又喊，結果大怒昏厥。後來官員請來名醫張景岳前來求治，張景岳經詳細診治後，覺得其脈象與病情表徵不一致，懷疑燕姬是因憤怒而假裝昏厥，便對她說，要進行令人痛苦且有損美容的火灸方能清醒，並先給予服下一帖藥。燕姬聽到後，內心出現悲傷擔憂的情緒，在服下藥物後便立即甦醒，結束了「氣厥若死」的裝病行為。這是張景岳運用悲療法來處理因憤怒情緒而出現的詐病行為。張景岳還提出，對於詐病行為，需要先仔細觀察，辨別真偽，可採「借其欺而反欺之」方式來面對詐病行為。

臨床中曾遇到，一名士官因為對軍中長官的領導方式感到憤怒，在醫院出現憤怒生氣及撞牆等行為，當下我向其表達：「我可以感受到你的生氣，軍中長官的領導方式是不是讓你感到挫折……除了生氣外，心情會不會也會感到低落……我擔心長期下去你可能會出現憂鬱症狀。」在醫院也可幫個案打鎮靜針，並暗示個案打了針會好一些，休息一下再一起討論如何面對問題，使其有臺階可下，試圖把憤怒情緒轉移，並誘導其出現擔心悲憂的情緒，怒氣自然會消失，接下來才較容易討論後續應對壓力的方式。跟憤怒的人溝通時很不容易，時常會誘發自己的憤怒情緒，憤怒情緒多半與遇到挫折有關，同理其挫折，再將對方的怒氣轉為悲憂情緒，會比較好溝通。

　　人類的情志活動是十分複雜的，情緒的表現通常跟心理的認知有關，加上有時候我們只是看到表面上外顯的情志，底層通常還有其他情志需要發掘。表面外顯的情志，只是由底層多種情志相互交錯產生而成，因此在會談治療的時候，要詳細詢問其病程，探索外顯情志的根本原因，同時還要注意五行五志間的相生相剋及互動變化，靈活運用；不要一成不變的重複使用某一個心理療法，如此才能建立良好的關係，幫助調節情志，促進心理治療的良性進展。

03
CHAPTER

中西結合心關係

健康的家庭關係

無論在華人或是西方社會，都認為家庭是最早塑造人格的場所，即使是成年人已經長大獨立，脫離原生家庭，但其實在行為、認知、情緒等多方面，並無法完全的脫離原生家庭的影響，不僅如此也會影響到未來以及與他人的人際關係。**一個人的自我認同經驗，也是從家庭中所獲得的「歸屬感」和「個別感」這兩個部分累積而成。**廣義來說，無論是哪一種家庭（Family），不單指原生家庭，例如小家庭、大家庭、單親家庭、外籍配偶家庭、同志家庭、孤兒院家庭、寄養家庭等，只要能創造出歸屬感和個別感的，都算是具備家庭功能；家可以是避風港，卻也可能因為某些家庭規則而緊緊纏繞住家中的每個成員，導致情緒困惱。

♥ 從家庭組織到社會關係

《禮記》的《大學》篇有句話說「修身齊家治國平天下」，用此來說明修身齊家的重要性，原文是：「古之欲明明德於天下者，先治其國；欲治其國者，先齊其家；欲齊其家者，先修其身；欲修其身者，先正其心；欲正其心者，先誠其意；欲誠其意者，先致其知；致知在格物。物格而後知至，知至而後意誠，意誠而後心正，心正而後身修，身修而後家齊，家齊而後國治，國治而後天下平。」

在這裡不談治國平天下，就從「欲治其國者，先齊其家」談起。

這裡的「齊」指的是管理，「家」指的是家族，古時候的家族都是由血緣關係所組成，大的家族至少有七八百人，小的家族也有一兩百人，想要聞道於天下的人，先要治理好自己的國家；想要治理好自己的國家，先要管理好自己的家族，但古時候的家族跟我們現在的家庭組成概念有很大的不同。

古時候的社會以農業社會為主，家族也因為人數龐大，所以需要透過管理才能發揮家族優勢，也就是**異中存同的概念**；但到了現代，已經是男女平權的工商資訊時代了，家庭內的每一個成員都是獨立的個體，擁有獨立的思考與情感，子女成年後，不再以從事家族事業為唯一的生存方式，而是有更多的各自發展。雖然來自同樣的家庭，但未來生活都有差異，也就是**同中存異的概念**。由於「齊」的意思除了管理之外，還有一致、同時、同等的意思，所以我認為現代的「齊家」，目標不是只有管理，而是要每個家庭成員在不同的角色上，齊心一致的成長，互相滋養，過程中也尊重個別的差異性，尊重彼此不同的想法與不同的感受。家庭中的長者，就是創造這樣環境的最重要角色，讓家人在同中存異與異中存同中取得動態平衡。

「欲齊其家者，先修其身。」「修」是改正，「身」是指自己的過失，古代的意思是，想要管理好自己的家族，先要改正自己的過失，因為在聖賢來看，**教育的最高境界是感化，管理的最高境界是感召**，要以身作則才能感化人，這有時候會被僵化解讀為「我好，你就會好」的後設想法。

在我的實務經驗中，曾經遇過一對國小老師夫妻，他們帶著酗酒、甚至出現吸毒行為的成年兒子前來就診，這對夫妻難過的對我說，他們從小十分重視兒子的學業教育及品德，自己本身也都是認真

工作，凡事以身作則，不偷、不搶、不喝、不賭，不知道為什麼兒子長大後，卻有酗酒、甚至吸毒行為呢？但當我私下跟這位兒子會談時，我卻聽到他說，他覺得父母只是愛唸跟愛管，根本都不瞭解他，也沒有認真的瞭解他的需求，只是希望他照他們的人生規劃走。這反應的是不良的家庭溝通關係，所以在現代的「修身」中，不是只有靠自己修正品行、以身作則，或只想著用舊有家庭成功的規則，來改變家中問題的成員；也要思考，在家庭中，是否有不良的溝通型態造成家庭的困境。每個家庭成員從溝通一致做起，才能達到真正「修身」的目標。

「欲修其身者，先正其心。」「正」是修正，「心」是心念，古代意思是想要改正自己的過失，先要修正自己的心念。聖賢的想法，是要把我們自私自利的思想觀念，修正為利他的思想觀念，這也是東方思維跟西方思維的差異處之一；東方思維認為，人與人打交道就像是照鏡子，當我們做出自私的行為，對方也會做出自私的反應；當我們為對方著想的時候，對方也會為我們著想。但這或許就陷入心理學中不理性的信念了：當我們為對方著想的時候，對方有一定要為我們著想嗎？當我主動照顧對方時，對方一定也要在自己需要被照顧時來照顧自己嗎？答案是不一定的，因為還要考量對方當時的情境狀態。但東方思維可能會說「吃虧就是占便宜」，或說這是「三世因果」、「前世今生的債」的大道理來勉強說服自己，徒增心中無限委屈。

我想，這裡的「正心」比較適合用正念的理念，用一種全然開放的心態，接納自己的全部情感體驗，以超然的、不作評判、不預期的心態來處事。在家庭中，無論你想提供子女多好的照顧環境，就在你當下的能力範圍內，真心付出就好，並用欣賞的角度看待子女的成

長，這其實也才是真正沒有條件的利他態度啊！

回想我們自己，也是被父母無條件照顧長大的，所以當子女成家後，他們也要學習如何照顧下一代；但因為現代醫學的發達，社會已呈現老齡化，現在成年子女也要學習，如何在照顧下一代與照顧年邁雙親之間，取得平衡。

「欲正其心者，先誠其意。」「誠」是真誠，「意」是態度，意思是要想修正自己的心念，先要讓自己的態度真誠。曾國藩有句話說：「一念不生謂之誠」，意思就是待人用心不用腦；如果我們帶著分析、判斷的思維去接觸一個人，就是不夠真誠。在心理治療過程中，治療師想要修正個案的心念，也要謹記要先用「心」、後用「腦」：先要用「心」創造安全信任的關係，尊重接納的情境，以了解個案為主；後用「腦」與個案共同思考如何面對困境，而非一開始就只用理智腦去處理個案症狀及解決問題。

「欲誠其意者，先致其知。」「致」是發掘，「知」是良知，意思是想要讓自己的態度真誠，就先要發掘自己的良知；所謂良知，指的就是人性的本善，「致知」也可解釋為獲得知識。在心理治療的過程中，時常會促進反思，並讓自己聚焦在更深一層的情緒、認知與行為反應上，這也是一種「致知」，透過學習或治療，能讓自己更以真誠之心待人。

「致知在格物。」「格」是控制，「物」是物欲，意思是要發掘良知的前提，是要先控制物欲，因為一個充滿物欲的人，必然是一個自私自利的人，這樣的人哪裡來的良知呢？所以，在東方儒家修學的八目，便是從「格物」開始。在臨床中，也時常看到迷失於金錢收入多寡或是權力位階高低的助人工作者，他們忘記了，助人工作者的真

正價值在於助人，而非物質權力的滿足。

前面講的是由外而內，最後這句「物格而後知至，知至而後意誠，意誠而後心正，心正而後身修，身修而後家齊」，則是由內而外，指出儒家修學的八個科目的先後順序，簡稱「格物致知，正心誠意」。「格物致知」就是在排除外在誘惑干擾下，開始反思，學習新的知識，從新的角度看待自己及外在世界。接下來，要用內心平正、情緒平穩的狀態，去認識自己的內心深處，知道自己真正底層的意念，就是「正心誠意」，如此才有辦法推己及人，達到「修身齊家」的階段。這個從個人到家庭社會，用來待人處事的道理，其實也需要有好的情志調節能力，才能在家庭中建立健康的人我關係。

♡ 當父母需要學習

感覺上，東方文化似乎比西方社會更重視家庭關係，但若問，從小到大，學校老師有教導我們如何成為好的父母嗎？答案多是沒有。無論是哪種行業，多半會有一些學習歷程，例如心理師、醫師都會有實習課程，向經驗豐富的老師學習，再經過一些實務經驗，才能成為好的治療師。但父母的角色呢？多半都是從自己小時候與父母的相處經驗中學習而來，如果父母雙方以及與子女之間關係良好，子女自然會學習到如何成為好父母；若是父母彼此關係就不穩定，對於子女來說，自然缺乏好的學習經驗。近年來，有愈來愈多的教養課程談親子關係，也談婚姻伴侶關係，目標就是要讓家庭中好的關係更好，不穩定的關係變穩定。

我在門診中曾遇到一位擁有碩士高學歷的思覺失調症案主，由母

親陪同就診，在長期穩定服用藥物下，當時的精神症狀尚屬穩定，無明顯妄想或幻覺干擾，但情緒較低落。有一天的對話如下：

案主：請問醫師，為何刑法規定殺直系血親尊親屬者，要判處死刑或無期徒刑呢？

醫師：怎麼突然提到這個問題呢？

案主：如果爸爸從小對自己不好，兒子殺他應該也是情有可原吧？

案母：不要這麼說（緊張狀）。

醫師：喔～我想請你說說看，爸爸跟你的互動關係（一邊示意案母先聽，不要急著回應）。

案主：從小我爸只會指責我跟罵我，所以即使他想跟我說話，我也不想理他。

醫師：你的意思是當你想跟你爸溝通時，他都是用指責的方式跟你說話嗎？

案主：是的。

醫師：伯母，您也有類似感受嗎？（轉向案母）

案母：嗯嗯（點點頭）。但他是你爸，他的個性就是這樣啦（對案主說）！

醫師：聽起來，感覺爸爸其實有想跟你們說話，但常常到後來，溝通方式都變成指責，這樣會讓你們感覺到不受重視，是嗎？

案主：是的，而且都不聽我們說話。

醫師：我聽到你很期待爸爸能認真聽你說的話，不曉得你在跟我聊的過程中，會不會有類似感覺呢？

案主：跟你不會，之前有些醫師會。

醫師：怎麼說？

案主：你比較會聽我說，之前醫師只會叫我吃藥，不要想太多。

醫師：謝謝你的分享，那請問你對爸爸跟自己的溝通方式，有怎樣的期待呢？

案主：希望他能多聽我說，不要用罵的。

醫師：我很高興聽你說出自己的想法。請問你從國小到碩士，有學過如何與人溝通嗎？

案主：沒有耶（想了一下），但我想學。

醫師：那你覺得，你爸有學過如何與家人好好溝通嗎？

案主：一定沒有。

醫師：那伯母覺得呢？

案母：我們那個年代怎麼可能會教，當然沒有。

醫師：聽你們說，你爸平常也會想主動跟你們說話，但有沒有可能是他不知道怎麼樣好好溝通啊？

案主：嗯……應該是。

案母：我公公也是這樣跟我婆婆及我老公溝通。

醫師：喔，所以有沒有可能，妳老公跟你們溝通的方式，只是複製了妳公公對妳婆婆及妳老公的溝通方式呢？

案母／案主：應該是（點頭）。

醫師：不過，我覺得溝通是雙方面的事，也聽到你們想要改變現有的溝通方式。或許我們可以一起來練習一下，如果遇到爸爸出現指責式的溝通時，我們有什麼更好的回應方式，你們覺得呢？

案主／案母：好啊！

　　隔兩週回診，再問案主與案父母的關係，案主表示，上次跟醫師聊完後，比較瞭解爸爸的溝通模式了，也比較不會有情緒；當案主願意多一點耐心聽案父說話時，案父好像也比較少唸了。案母則表示，很高興看到他們父子倆這兩週的關係有改善。

依附理論

　　在西方心理學中，有個探索家庭中親子互動關係的理論，叫做「依附理論」，這個理論最早來自於研究早期嬰兒和母親的互動關係，如何影響到後續的成人世界。**依附理論最早是由英國發展心理學家約翰‧鮑比（John Bowlby）提出來的**，根據鮑比的看法，孩子一出生就會依賴身邊重要的人（通常是媽媽），藉此保護自己免於受到外在的威脅，並發展出一套自我與外界的互動方式，用來探索外在環境，並用較熟悉的方式來建立人際關係。**依附並不只是影響孩子和母親互動的關係，而是終其一生都會影響到我們的成年人際關係**（例如家人、朋友、伴侶），**尤其是當我們有情感需求時，會特別明顯。**當人面對壓力情境或情感挫折時，總是會想尋求一個能維持自尊、幫助情緒穩定、相互滿意的依附對象。舉例來說，當先生今天在公司被老闆罵到臭頭時，回家後會很想找另一半宣洩一番，期待對方能聽自己抱怨，感受到自己的辛苦，給予正向的支持；當身邊有這個穩定的依附對象時，我們就會充滿安全感，認為自己是一個值得被愛的人，對方也是值得信任的，這稱為「安全性依附」；但是當安全感未被滿

足時，我們會開始擔心自己是否是值得被愛的，以及對方是否會愛我們，此時我們就會採取不安全的依附策略。

根據鮑比的依附理論，美國發展心理學家瑪莉・安斯沃斯（Mary Ainsworth）進一步設計了「陌生情境測驗」（Strange Situation Test）來進行驗證嬰兒與母親的互動關係。陌生情境測驗內容是，先由媽媽帶著幼兒進入一個不熟悉的房間，房間中擺滿了玩具，媽媽在場時，會鼓勵幼兒去探索周遭環境及玩玩具，但在幾分鐘後，一位陌生人會進來帶走媽媽，讓幼兒獨自在房間中，在經過這次短暫分離之後，媽媽又會回到現場與幼兒互動。研究人員要觀察的是，媽媽離開房間以及重回房間時，幼兒的反應如何？根據觀察結果，幼兒的反應主要可以分成三種，分別稱為：**安全型依附、迴避型不安全依附、焦慮型不安全依附**。瑪莉・安斯沃斯的同事瑪麗・緬（Mary Main）之後再提出了**紊亂型不安全依附**。

安全型依附

媽媽在場時，幼兒會將媽媽當作探索世界的安全堡壘（Secure Base）；當媽媽離去之後，幼兒會變得很沮喪，但是當媽媽返回時，幼兒會去接近媽媽並感到很快樂。成年之後，會對自我與他人皆有正面的觀點，覺得自己是有價值的，有愛人的能力，當與他人有親密連結時，樂於分享自己感受，也認為他人會接納自己，預期會有好的回應，並不擔心被孤立或不被接納；也就是呈現低焦慮、低逃避的「我好」加「你好」的心理狀態。

迴避型不安全依附

　　媽媽在場時，感覺幼兒與媽媽疏遠，甚至忽視母親，當媽媽離開時，不會產生明顯失望的情緒，媽媽再次回來時，也不會主動去尋找媽媽。成年之後，認為別人是不可信賴和拒絕自己的，對自己有較正向的看法，藉由避免和他人過於親近，來維持自我價值感；也就是呈現低焦慮、高逃避的「我好」加「你不好」的心理狀態。

焦慮型不安全依附

　　媽媽在場時，幼兒與媽媽關係緊密，但當媽媽離去時，會顯得相當不安與焦慮，在媽媽回來後，依然不會馬上變得開心，不安的情緒無法輕易的被安撫，甚至會對媽媽憤怒及抗拒，但感覺得到幼兒依然很渴望和媽媽接觸。成年之後，容易對自我看法負向，覺得自己不夠好，自我價值較低落，對他人看法較正向，認為他人都是好的，因此當與他人建立關係時，會不斷需要他人的肯定以尋求自我認同；同時害怕被拒絕，擔心別人不重視自己，甚至擔心被拋棄。一旦有親密關係，可能會過度依賴對方，當對方無法滿足自己在情感上的強烈需求時，內心便會因此受傷，也就是呈現高焦慮、低逃避的「我不好」加「你好」的心理狀態。

紊亂型不安全依附

此類型的小孩沒有特定的反應模式，而是會根據環境來表現出迴避型依附策略或焦慮型依附策略，呈現出高焦慮、高逃避的「我不好」加「你不好」的心理狀態。

依附理論中觀察到，嬰兒與母親的互動關係，會影響到成年後的情緒行為與人際互動模式，但生活中也常發現，同樣的母親，相似的教養方式，子女依然有不同的情緒行為表現，這代表還是與每個人的不同先天氣質有相關。一個先天氣質個性溫和的幼兒，容易讓照顧者獲得滿足，也較容易形成安全型依附，反之先天氣質容易衝動、焦慮不安的幼兒，則容易讓照顧者感到挫折，會傾向變成不安全依附，但若是照顧者能提供安全的依附關係環境，則可以降低衝動行為及焦慮情緒。

從系統觀出發，多方面評估

在西方世界有許多家族治療學派，例如薩提爾家族治療、Bowen式家庭系統治療、經驗性家族治療、心理分析家族治療、結構性家族治療、認知行為家族治療、策略至焦點解決家族治療、敘事性家族治療等，每個學派都有其不同的理論和治療策略，不過他們都有一個跟中醫很像的共通點，就是「系統觀」。這也跟比較重視因果關係的傳統精神醫學很不一樣。舉例來說，A小姐，三十五歲，已婚十年，在先生陪同下前來求診，主訴近兩個月來出現心情低落、失眠、覺得生

活沒有目標、快樂不起來、有時會有不好的念頭的狀況：

生物取向的精神科醫師

　　腦中想的是：A 小姐可能已經符合憂鬱症診斷，朝向使用抗鬱劑治療。

傳統中醫師

　　腦中想的是：A 小姐除了情緒困惱外，有沒有其他臟腑氣機受影響？例如合併易怒、肋下腹部時常悶痛、腹脹、便祕、月經不順，可能是肝鬱氣滯，而考慮使用逍遙散治療。若是合併食慾差、胸悶、咽喉中常有痰梗感，可能是脾失健運、痰氣鬱結，而考慮使用歸脾湯、半夏厚朴湯治療。

不同學派的個別心理諮商師

　　腦中想的可能是：A 小姐是否有什麼內在心理衝突，或是不理性信念導致症狀的出現？策略上，除了讓 A 小姐能面對心理衝突，找出困擾情緒的不理性信念外，也可能朝陪伴 A 小姐去探索她的內在小孩，並從中協助調節情緒；或是提供新的情緒經驗，讓 A 小姐在治療情境中，透過與諮商師的互動，重演過去的人際衝突及問題因應模式，而諮商師再以不同以往習慣的互動經驗方式，更適當的回應給 A 小姐，讓 A 小姐在諮商互動過程中，親身體驗新的較好感受經

驗，以便獲得學習調整原有行為模式的機會。

家族治療師

將重點更聚焦在關係互動上，不強調為症狀找一個標籤，不以解決問題為首要目標，而是重視了解個案及與家庭成員建立良好接觸，會探索 A 小姐的症狀行為，是否是整體系統運作所產生出來的結果；找出家庭中是否有什麼規則運作影響症狀，強調症狀是系統運作的產物。

在整體評估下，得知這位 A 小姐在婚後生活初期，其實與先生及公婆關係不錯，但因為先生是獨子，雖然家人嘴巴說不急，但無形中仍感受到有條隱形的家庭規則，就是要「傳宗接代」。經過許多努力，但結婚十年後依然沒有小孩，壓力逐漸累積。加上公公半年前過世，在婆婆搬來同住後的壓力更大，也常因此跟先生吵架，夫妻關係生變，甚至談到離婚，先生認為是太太生病才陪同就醫。

在治療策略上，可專注於家庭關係中不同角色的觀點，先創造出夫妻一致性溝通的平臺，不去歸咎誰生病，而是透過治療師的介入，強調責任是大家都有的，促進夫妻間有更好的理解，減少會產生負向影響的不良互動型態，進而改變家庭舊有僵化系統，創造新的關係脈絡，促使家庭自動產生新的、且較健康的平衡狀態。更多類似的案例，例如兒童的情緒障礙或行為問題，就更需要從系統觀來看，因為許多症狀都與家庭中父母的關係氣氛有關。

薩提爾模式

在家族治療學派中有一個深受大多治療師歡迎的模式，叫做薩提爾模式（The Satir Model），是由美國心理治療師維琴尼亞‧薩提爾（Virginia Satir）發展而來，她相信**一個人無論身處的家庭外在環境條件為何，都有機會改變心理現狀**。她也指出，在僵化且低功能的家庭中，常出現下列的困擾問題：

自我價值感低

家庭成員從小習慣用防衛的行為來求生存，長久下來便會覺得自己在家中並不重要，自我價值感低下。

溝通是間接、曖昧、不真實、不坦誠的

為了維護自尊和降低家中的人際威脅，而常用不一致的溝通型態，例如迎合討好、指責、打岔、超理智等溝通方式，即是防衛性的溝通型態。

規則是僵硬、冷漠的，很難協調，而且沒有彈性、一成不變的

家庭互動中，有人總想要居主位及支配，只有配合家庭規則才是好的，任何差異或不同聲音被視為不好。這類隱藏的家庭訊息或規則就會支配我們的行為，例如什麼不可以說、什麼不可以聽、什麼不可

以要、什麼不可以問、什麼情緒不可以表達。通常為了獲得家人的肯定，擔心被放棄或是害怕失去家人的愛，而緊緊守著「應該」的生存信念，長期處在這種情況下，家人間的親密感也會逐漸降低。由於限制家中成員（通常是子女，也可能是伴侶）的自由表達意志，也壓抑了自我價值，增加了許多失敗感與挫折感，久而久之關係自然疏遠。

社會人際互動不良

經常是懼怕的、討好的或責備的姿態。

不實際的期待

不實際的角色期待也常是形成低功能家庭系統的原因，包括婚姻中不實際的期待，期待配偶成為你的父母，完成兒時未被父母滿足的需求，例如被讚賞、被肯定；親子間不實際的期待，孩子要完成父母未完成之任務，或是持續父母的社會地位，孩子的成就表現要讓父母覺得值得、感到榮耀，孩子應該要接受父母好的生活學習安排等。

在健康滋潤且高功能的家庭，或經過「轉化」的人，則會呈現一些較健康的特質：

- 自我價值感高，覺得在家中自己是有價值的，即使不被家人認同仍對自己有信心。
- 溝通是一致、清晰和坦誠的，不用擔心意見不合，會影響家人彼此關係。

- 規則是有彈性的、合適的、能依情境而調整的。
- 在社會人際互動上是開放的、具希望的。
- 家庭成員中每個人的期待，是跟隨著每個人在成長不同階段中隨時做調整，在這緊密的家庭關係中，能劃出每個人的界線，避免自我價值的耗損，自然能維繫家庭的良好功能。

📍 五行人格理論

　　跟家族治療一樣，中醫強調的系統理論中，也有所謂五行人格理論，這是根據陰陽五行學說，將人的各種體質歸納為**木、火、土、金、水**五種類型，也稱為「五形人」，每一類型，又以五音（**宮、商、角、徵、羽**）的陰陽屬性，分成一典型特質及左右上下的其他類型總共五類，合計為二十五種人。

- **木形之人**：上角、大角、左角（少角）、鈦角（右角）、判角
- **火形之人**：上徵、質徵（太徵）、少徵、右徵、判徵
- **土形之人**：上宮、大宮、加宮、少宮、左宮
- **金形之人**：上商、鈦商、右商、左商、少商
- **水形之人**：上羽、大羽、少羽、眾羽、桎羽

　　《黃帝內經》把健康人群分成陰陽二十五人，目的之一是要針對不同人格的人，進行不同的飲食和經絡調理，以達到「治未病」的目標，這也是醫療的最高境界。

　　在命理學中，命理師也常會用一個人的生辰八字來看他的五行屬性，並依照五行分布及相生相剋來看未來命運，並會依據五行屬性，

衍生出姓名學或是風水學等學問。大部分人的生辰八字往往五行具備，只是分布強弱不同，例如有的人命盤中火氣過強，但卻缺水。命理學會認為本氣過強或過弱都不好，最好是五行俱全，氣勢中和，人生運勢會較順遂，於是在命名時會命屬性屬水的名字。在性格上也是如此，一個人的先天氣質，通常會有一個比較明顯的屬性，假如一個人原本的性情是安穩自若，待人總是誠懇，對家人忠誠，屬於土形人格，但後天學習到有彈性、處事圓融、適應環境能力強的水形人特質，我們可以說，這個人是以土形人格為本，也有水形人格的特質。

所以說，人往往不會只有一個典型的人格特質，在不同人生情境下，會學習到不同的人格特質以適應環境，也就是即使先天不足，後天仍可以補足先天。**但是當人面對到真正巨大壓力時，總是會以五行中最根本的人格氣質來表現。**

中醫強調系統觀，除了強調家庭中，每個成員個體內在臟腑系統的動態平衡外，或許我們也可透過五行角度來看家庭。仔細看看，每個家庭成員的屬性功能都不同，偏木的成員能提供家庭積極成長的動力，偏火的成員總是在家表現熱情有活力，偏土的成員能給家人穩定感覺、適時滋養其他成員，偏金的成員較為精明，有智慧處理事務及創造財富，偏水的成員個性柔和，能在家庭成員間起衝突時創造彈性、緩解衝突。

一個人很不容易能充分發揮這全部的特質，看一個家也像是看一個人，家庭成員就像是人體中的各個臟腑；一個有效能的家庭，並不是單一的要求每個人都能獨立成熟，擔任一樣的角色，而是找到當下家庭關係中，最佳的運作關係，得以讓家庭能以更有效能的方式，繼續運作下去。就像人體內的五臟各司其職，互相合作，共同維繫健康

身心，那就算是完美的家庭五行動態平衡狀態。

家庭五行特質平衡狀態

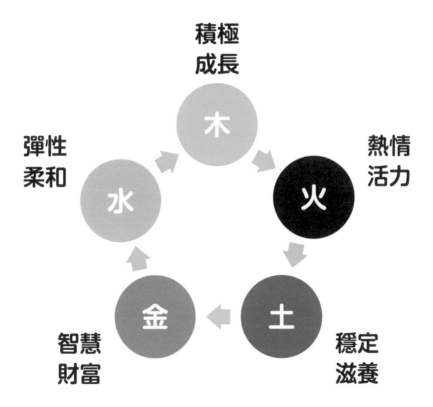

健康的人際關係

　　人類是群體的動物，一出生就要開始與其他人接觸連結。東方文化中的人我關係與西方文化有些不同，在華人的人際關係中，可分為：**親人關係、熟人關係、生人關係。**

親人關係

　　親人關係中，彼此間有不同程度的責任，容易出現互相保護、互相依賴的互動模式，即使在成年後依然如此。

　　在我過去的藥酒癮門診經驗中，常會見到年邁的母親帶著中年吸毒或酒癮的兒子前來就診。中年男子理應要對自己的求診行為負責，但會談時卻都是母親在主導，呈現一種共依賴（Codependence）現象；也就是兒子即使成年，依然在經濟生活上依賴母親，母親也有覺得兒子「沒有我不行」的情感依賴現象。

　　另外有時候也會發現，有些華人的子女，從小就被隱約鼓勵成年後繼續依賴父母，似乎時時待在父母身邊才是真孝順；對比美國的親子關係，則是非常強調子女的獨立性，父母從孩子小時候便強調，子女需要學習照顧自己。**一個成熟的成年人的標誌，就是一個人除了能在生活上自我照顧外，還要能在情緒上自我照顧。**

熟人關係

重視人情，只要熟識，彼此會互相通融，進行有條件的依賴。華人不管處理什麼事，都喜歡找關係，因為相信只要是熟人就一切好談，在決定事務上，情感層面因素大於理智層面因素。

生人關係

比較重視利害關係，相處上多客套，較無依賴互動與特殊期待，在決定事務上以理智層面判斷為主，不留情面。

在華人文化裡，一旦在預期現有的關係中，能擁有的權益與實際上不符時，就容易出現焦慮、憤怒、沮喪，甚至敵意的情緒，與相對應的行為。例如成年子女欠債務，要父母幫忙還，但父母卻不願幫忙，子女會因此對父母憤怒，怪罪父母不幫忙，之後便不再與父母聯繫；或是找熟人介紹買汽車或房子，最後卻發現沒有比較便宜，因此看清朋友，最後斷絕與朋友的關係。

♥ PAC 的互動型態

加拿大的精神科醫師、心理學家艾瑞克・伯恩（Eric Berne）提出了溝通分析理論（PAC 理論），他認為溝通分析是一種「系統化的現象學」（Berne, 1961），除了可以瞭解家庭中成員的互動型態，也能很好的運用在人際互動中。根據伯恩的臨床經驗，將每個人的三種自我內在心理狀態，歸納為「父母」（Parent）、「成人」

（Adult）、「**小孩**」（Child）三種，這與我們平常說的父母、成人、小孩不一樣，且每個人的內心都會擁有 P、A、C 的心理狀態，在面對不同的人時，我們可能會表現出不同的溝通型態，而非侷限於某一種型態。

父母型態 P（Parent）

父母型態的溝通方式是指，一個人的行為表現、思想方式上，呈現出像生活中權威人物的態度，又分為**撫育型**（Nurturing Parent）和**控制型**（Controlling Parent）的父母。撫育型的父母較具同理心，在人際關係中常常會主動關心，問候你的生活或情緒，講話開頭常常是「你最近還好嗎？」視覺上點頭認同比搖頭否定多，聽的比說的多，語調柔和給人溫暖的感覺；控制型父母，語調較嚴厲，比較多命令，講話語氣常常聽到「你應該」、「你不要」、「你必須」、「你不能」，視覺上搖頭否定比點頭認同多，說的比聽的多，容易讓人感覺嚴肅、有距離。

成人型態 A（Adult）

成人型態的溝通方式是指，比較能根據事實，經內在評估後能以最適合當下的環境表達出想法與行為，講話開頭時常是「我的想法是……」、「我認為根據這種情況，我們可以……」，會正視對方，聽與說一樣多，給人感覺是有想法、有組織、有理解能力的。

> ## 小孩型態 C（Child）

　　小孩型態的溝通方式是指，分為**自由型**（Free Child）和**適應型小孩**（Adapting Child）。自由型小孩常常很有自己的想法，充滿創意，會自發性的表達感受及行為；而適應型小的孩又可分為兩類，一種是當父母或他人對他提出要求時，小孩可能會低頭說：「好的，我會去做」，另一種是出現與父母期待相反的反應，反抗的說：「我才不做」，又稱為反叛型小孩，但廣義來說，這種也算是一種適應的形式，因其反面仍是以父母為標的，所以還是算在適應型小孩內。

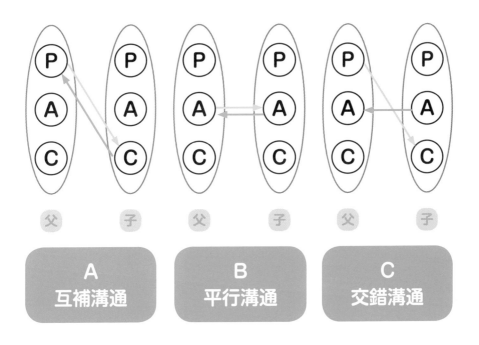

當孩子還小的時候，家庭中最常見到的就是互補型溝通（P—C），如圖 A，父母習慣用父母型態、孩子以小孩型態做溝通，例如父親說：「兒子不要再玩電動了，趕快出來吃飯。」未成年的兒子回應：「好，馬上去吃。」這種在孩子成長過程中的某個階段會很順暢，只要溝通保持互補狀態，這樣的對話便會一直持續下去，直到有一方改變。

理想上，當孩子成年後，會逐漸轉變為成人與成人的溝通方式，如圖 B，例如下班回家的成年兒子說：「爸，我今天上班好累喔！」父親回應：「我知道最近一到年終，通常工作量都會增加，兒子如果累了，就先去洗澡休息吧！」這樣成人跟成人式的溝通型態，往往是最自然順暢的。

還有一種情形是交錯溝通如圖 C，在同樣的情況下班回家的成年兒子說：「爸，我今天上班好累喔！」父親卻還是用父母型態來作回應，可能就會是回覆說：「上班誰不累啊，要認真一點，不要一點點工作就喊累。」如此一來，溝通就形成交錯，這種狀態時常會中止溝通，呈現的是溝通的阻斷；父子關係未必一定不好，但這個兒子就有可能逐漸較不想跟父親分享自己的想法與感受了。

♥ 進入成熟健康的新關係

在華人社會中，有一句話叫做「男子二十弱冠，女子十五及笄」，表示一個人從孩童、少年進入到成人自我成熟的新階段，在不同的習俗中，有不同方式的「成年禮」，通過這個儀式的人，才會被認定為成年人。我的祖籍是廣東潮汕，當地有一種特有的漢族傳統成

人禮俗，叫做「出花園」，家中有十五歲的男孩女孩，要在陰曆七月初七乞巧節和七月十五中元節，或另擇吉日，為孩子備辦三牲果品拜別公婆神（俗稱「公婆母」），表示這孩子已經長大，可以走出花園，不再是終日在花園裡玩鬧的孩童了。星雲大師說，成年禮的儀式雖然只是一時，但代表的意義卻是一生的。他提供四點成年禮的意義，給年輕人參考：

自我肯定

成年代表我已經長成大人了，不再是兒童、少年了，過去都是靠父母、靠師長，現在我要自我肯定，做自我的主人。

承擔責任

在兒童青少年階段，無論在家庭、學校，都是要父母、師長負責，但是成年後，需要肯定自己存在的意義，肩負起對自己、家庭、社會的責任。

心智成長

自己已經不是小孩子了，心理也要逐漸成熟，學習有智慧的待人處事，為自己的行為負責，創造成就自己、他人及社會的人生。

　　小時候靠父母愛護，供我們吃的、穿的、用的，學校師長培養我們，引導我們，教我們知識技能；成年後，要更獨立自主，感恩生命，將所學回饋父母，幫助朋友，造福社會。

　　當孩子成年後，在溝通上其實也就是要呈現更多的成人型態。現代人愈來愈少見到成年禮了，孩子從小學、中學到大學，甚至一路念書到研究所，有時候即使早已成年，但內心仍是小孩的型態；反之，也有孩子想成為成人型態，但父母卻持續習慣使用舊有的父母型態對子女溝通，忽略了子女已經成長，因此在家中反覆出現衝突，導致關係漸行漸遠。

　　現代的社會，愈來愈重視個體的獨立性，最穩定的溝通型態，往往是成人型態對成人型態，因為在這樣的溝通型態下，比較有穩定的自我價值。但有時候，增加一點撫育型父母型態或是自由型小孩型態，也能讓人際關係增加一點彈性，有更多變化及喜悅。

　　無論互動是哪種型態，都期待有健康的人際關係。所謂健康的人際關係，包括以下四個方面：

- **在與對方的人際關係中，能自在的表達自己真實的想法與情感**：不會出現怕被否定，而不敢說出自己內心真正的話。
- **在與對方的人際關係中，對方也能自在的表達對方真實的想法與情感**：不會出現非心智化互動，否定對方想法與感受，導致不清楚對方內心真正的想法。
- **在人際關係中，能理解並接受雙方的不同想法與情感**：能尊重

彼此的差異，沒有出現一定要聽我的或是跟我一樣才是好的，如果沒有聽我的或是不一樣的就是不好。

- **在人際關係中，能運用過往好的互動經驗，與對方一同成長修正，創造更好的關係經驗**：關係是能藉由良好的溝通而改變的，能從過往好的互動經驗中，去反思以及學習如何在未來增加更好的關係。

　　健康的人際關係，除了與前面談到的依附關係與溝通模式有關，情志調節能力更是扮演重要的角色。一對擁有好的情志調節能力的父母，較易建立健康的安全依附關係；有健康的安全依附關係，孩子自然會學習到好的情志調節能力，在成長過程中自然能創造出好的情緒，好的情緒也能創造好的人際關係。

　　無論一個人的成長經驗是哪一種，而任何階段還是能透過學習好的情志調節能力，在未來創造更健康的人我關係。

　　想想看，自己喜歡跟什麼樣的人相處？多半會傾向選擇能分享真實情緒感受、能自我調節好各種情緒、對人生有好的志向動機、具備正面想法心態的人；而一個情緒起伏大、不願表達情感、想法總是負面的人，就不容易建立起穩定良好的人際關係。

健康的職場關係

對任何人來說，家庭就像是一個安全的避風港及堡壘，學校是讓我們學習知識及練習人際互動的試煉場，職場就像是水手出航去探險並尋求自我實現的地方。成年人在工作場域的時間，往往大於與家人相處的時間，這部分像是親人關係，加上時常需要一起合作共事、吃飯、聊天等，相處上往往會成為熟人關係，但面臨到一些利益衝突時，又像是生人關係，多了很多生存競爭與利害關係。健康的職場關係可以讓人開心成長，不健康的職場關係，例如適應不良、職場霸凌等，可能會產生更多生理與心理壓力，進而導致身心疾病的產生。

♥ 滿足不同層次的需求

美國心理學家馬斯洛（Abraham Maslow）的需求金字塔理論說明，人有各種不同層次的需求，從最底層的生理需求，到最高層的自我實現的需求。一般的家庭，基本上能提供孩子穩定充足的生存物資，再來提供安全的依附關係，免於生理、心理的恐懼害怕。理想一點的家庭，能讓孩子產生歸屬感，有被愛的感覺，而且自己的感受、想法及行為，時時刻刻都被尊重，不會有無法表達與父母意見不同想法的問題。再完美一點，甚至能促進孩子的自我實現，而不是促進孩子實現父母的期待。通常需求的底層穩定後，會開始一層層的往上期待，一旦到了職場，這些需求就需要靠自己去努力獲得了。

職場上有許多不同的角色，有老闆、高階主管、中階主管、基層工作人員等，在各個不同的生涯階段，每個職場角色的需求比重也會不同，但基本上，還是會先從滿足底層需求開始，一旦員工底層需求沒有獲得滿足，自然會對公司老闆忿忿不平。同樣的，如果一個中階主管沒有獲得足夠的尊重或肯定，對公司的忠誠度一樣會下降。身為老闆，就像一個家庭中的大家長，要先思考自己的需求為何，如何達到此一目標；在期待員工幫自己達標時，要能先瞭解每位員工在當下的各自需求，若是與自己公司的期待不同，最好有一致的溝通機會，讓員工能知道公司限制，才能讓員工做出對雙方有利的抉擇；真的無法滿足彼此的需求，就好好說再見。

需求金字塔理論

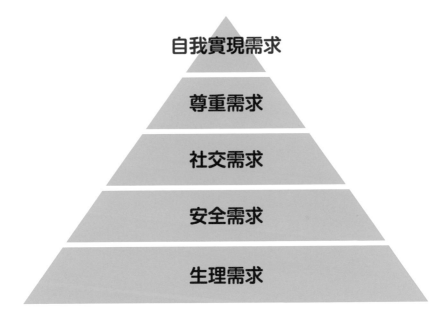

🜚 三大基本心理需求

精神分析「**自體心理學派**」大師寇哈特（Kohut）認為，**人的基本心理需求有三個**，只要滿足這三項，就會覺得自己是被重視的，自體是穩定的。三項需求分別是：**鏡映需求、理想化需求**以及**孿生需求**。

在幸運的家庭中，父母至少能滿足小孩前兩項需求，讓孩子從中感受到被愛、被重視，勇於表達自己；也會學習到如何自我滿足自己的需求，最後也會用父母愛自己的方式愛他人，肯定、讚賞別人，達到寇哈特認為的「健康自戀狀態」。

在職場上，新進員工總是會很快速的找到跟自己相似的同事，可能是年紀相似、進入職場的時間接近、背景相似或是外型嗜好相似等，這就是先滿足孿生需求，藉此會獲得熟悉及安全感，再來就是需要在工作表現上，被主管看見以及被肯定，這就是鏡映需求，同時公司主管也要有足夠讓人理想化的能力，才有讓員工追尋的目標。

鏡映需求	理想化需求	孿生需求
人會想有一個像鏡子一樣對象的需求：	人會有一個能信任且理想化對象的需求：	人總會傾向找一個與自己相似對象的需求：
1 只有這個人願意認同我。 2 只有這個人願意注意我。 3 好像對方就在眼前一樣。可以認同自己，可以確認自己，就像一面鏡子滿足自己內心的需求。	1 如果有這個人在，我應該可以度過。 2 如果有這個人在，一切一定沒問題的！ 3 如果跟這個人在一起，感覺好像連自己都變得堅強了。	1 感覺對方與自己很接近。 2 對方會讓自己有安心感。 3 感覺跟對方好像孿生兄弟姊妹一般的熟悉。

東方職場跟西方職場文化有些不同，比起西方人，華人更重視人與人的連結。例如面試時，遇到一個求職者是親戚的子女，自然會多關心對方家庭，彷彿是熟人一樣。西方職場則以個人為主角，重視求職者的想法、思考、興趣及期待等。華人在職場上，許多的人際連結是為了想從生人關係拉近到熟人關係，想像當關係改變時，就更容易從中滿足自己的需求；西方職場較重視工作效率、權責清楚、思考創新及業績績效。

現代華人職場雖然也愈來愈重視西方職場的元素，但依然重視人際之間的和樂；表面上，高層很重視基層的聲音、尊重基層的決定，但內在依然存在著階級分別，內心覺得下屬應該就是要聽主管的，後進者應該要聽前輩的，也就是溝通分析理論中，P 對 C 的溝通型態。這部分與華人的家庭社會教化背景有關，而儒家思想深植大部分家庭之中，輩分、性別、年齡都是權力的決定因素：長幼有序，晚輩尊重長輩，子女要順從父母才叫孝順等。

職場就像一個大家庭，有新進員工要尊重前輩，甚至替前輩服務跑腿，或是員工順從主管不合理的期待，才叫做對公司忠誠等。這些傳統思維表面運作雖然良好，但無形中卻忽略個人的主觀心理狀態，也就是缺乏基本的尊重，把僵化家庭中慣用的階級思維套用在公司職場上，也就忘記了即使是主管與員工的關係，仍可以用較好的成人溝通型態，也就是 A 對 A 的溝通方式。

 ## 職場的五行成長與團隊

若將依據中醫理論所延伸出的家庭五行動態平衡的狀態，套用

到公司職場上，一個健康的職場狀態，通常能提供員工穩定的財富（金）與工作職位（土），這些也是滿足金字塔底層的生理及安全需求。工作上同事相處融洽，互相關懷（水），滿足金字塔中層的社交及尊重需求，職場上能感受到熱情有活力（火），且無論職位、薪資或知識都有成長的空間（木），滿足金字塔上層的自我實現的需求。這就像是個螺旋，由小慢慢往上健康的延伸，但如果其中有任何一個環節阻滯，都會影響發展。每個企業員工當然不是天生都是如此全面平衡的，一個成功的企業團隊，通常都是要主管先能知人善任，找到不同屬性的員工，善用個案性格與特質，滿足不同需求，創造動態平衡的企業文化。

職場五行成長螺旋圖

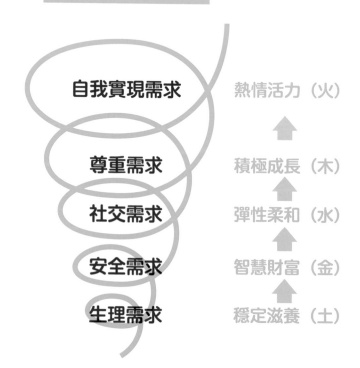

自我實現需求	熱情活力（火）
尊重需求	積極成長（木）
社交需求	彈性柔和（水）
安全需求	智慧財富（金）
生理需求	穩定滋養（土）

在中醫五行人格理論的運用，不僅適用於個人人格或家庭人格的分析，也可運用在現代團隊的領導管理上。由於五形人的各個特質不同，各有所長，若是將不同類型的人整合聚集在一個團隊，可以發揮出更堅強、有創造力及競爭力的組織。舉古代例子而言，《三國演義》記載，三國時期蜀漢的開國團隊，就是一個五行團隊：

- **劉備**　土形人，為人寬厚，誠信守義，性情穩定。
- **諸葛亮**　水形人，智慧聰穎，剛柔並濟，足智多謀，善於變通。
- **關羽**　木形人，忠厚正直，信念堅定，不會見利忘義。
- **張飛**　火形人，外向衝動，熱情激動，勇敢無懼。
- **趙雲**　金形人，果斷行事，行動敏捷，善於判斷支配。

在這樣的五行團隊中，人人能更盡其才，截長補短，輪流發揮，遇到事情自然能迎刃而解，達到團隊組織的最終目標。

有效溝通的原則

然而職場上，並非總是如想像中的美好，凡事能滿足自己的需求。每個人都有自己未被滿足的需求，需求往往需要從溝通中獲得滿足，因此在**職場上最容易出問題、影響情緒的地方，就是溝通**。職場上時常會遇到難溝通的同事或主管，但為了滿足自己的經濟需求，如何面對難溝通的同事，就是一門藝術了。首先，溝通並不是聊天，也不只是傳達指令而已；職場上有效的溝通包括：

（1）能滿足彼此的需求。

（2）能達成共識，有更多的合作。

（3）能提高辦事的工作效率。

（4）獲得有價值的訊息。

（5）能使彼此更清晰的思考，有效把握所做的事。

有效的溝通核心不只是意思的傳達而已，而是意思要被接收訊息的人所瞭解。有效溝通的原則是「**一要四不要**」：「**要**」有同理心；「**不要**」讓對方覺得受到任何威脅；「**不要**」把當下氣氛搞僵；「**不要**」訴諸情緒或關係恐懼；「**不要**」試著一次就要讓對方完全接受自己的想法。

♥ 無效溝通的應對

那常見的職場無效溝通呢？

（1）訊息模糊，常讓對方產生誤解。

（2）說話太直接，沒有顧慮當下情境是否適合溝通，可能會讓對方感受到威脅而產生防衛之心。

（3）雙方期待差距過大。

（4）背景經驗差異過大。

（5）遇到難溝通的對象。

下表中列出幾種常見難溝通的對象型態，以及其外顯行為和內在狀態的特徵：

常見難溝通對象型態

外顯行為		內在狀態

命令指責型

外顯行為：
- 口氣都像下命令
- 態度高壓
- 言行舉止都想支配人

內在狀態：
- 害怕無法掌握狀況
- 缺乏自信，在意不被尊重
- 習慣用控制的行為來安心

自戀型

外顯行為：
- 以自我為中心
- 誇大表現自己

內在狀態：
- 強烈尋求他人認同
- 深怕被他人忽略

愛比較型

外顯行為：
- 總是喜歡跟周邊的人比較
- 嫉妒他人

內在狀態：
- 藉由和他人比較，才能確認自己的狀態
- 總要找到比別人好的地方，才會感到心安

大少爺及公主型

外顯行為：
- 任性
- 總覺得要他人服侍
- 需要立即被滿足

內在狀態：
- 總覺得自己有特權
- 內心害怕挫折
- 延宕滿足能力差

灰姑娘型

外顯行為：
- 習慣扮演弱者
- 誘發需要他人協助的柔弱形象

內在狀態：
- 期待得到周遭人的同情及協助
- 害怕被拒絕

欺善怕惡型

外顯行為：
- 會莫名將負面的不滿情緒，對下屬同事發洩
- 言語攻擊，刻意邊緣化或霸凌他人

內在狀態：
- 情緒管理能力差
- 無法有效處理壓力
- 可能與過去成長挫折有關，誘使他人也經歷自己曾經歷過的挫折

在溝通上，如果遇到難溝通的對象或無效溝通時，建議先「**停**」下來，不急著回應。先專注「**看**」對方的眼神，試圖創造連結，並「**聽**」出對方內心的狀態，試圖理解對方真正的想法，而不要自己也被誘發出無效的溝通模式。當遇到溝通困境時，對較理性的人，可以使用蘇格拉底式的對話：藉由假裝無知的方式，迫使談話對象多做一些回應，以便揭露對方思想上的盲點，達到澄清語意與找出不理性的信念。簡單技巧包括：

- **澄清語意：**「你說的○○○是什麼意思呢？」
- **找出言語規則：**有微笑打招呼＝有尊重我；沒有微笑打招呼＝不尊重我。
- **找出證據：**請對方提出證據，檢視這樣的規則是否合理。

有時候面對談話困境，也可以轉至其他話題，不侷限於對方的內容，例如「對了，那你說的另外一家公司如何呢？」或是轉至自己想主導的話題，例如「說到這，我想要瞭解……」。若是遇到真的無法立即解決的問題，可以陳述現實，製造盾牌，例如「你跟我說的這些問題……我實在也不能怎麼辦」、「這件事情我已跟○○○討論了，已經決定好了」、「你說的很有道理……但目前就是如此……如果之後有機會，我會採納你的意見。」最後是回到當下，化解高張的情境，例如遇到對方不斷的表達意見或批評，可以表達「你講太快了……可以放慢點，再說一次嗎？」、「我知道你真的很用心……辛苦了」，甚至可以適當的表達內心的感受，例如「你說的話讓我很受傷」。

職場的確是個很複雜的環境，健康的職場環境能讓人獲得很多的滿足，學習成長，但若不幸遇到不健康的職場環境，例如被邊緣化、被霸凌，或是被要求做不合理的事等，都要記得先劃出心理界線，告訴自己，我是我的主人，我有我的價值，不需要接受不當的評價；不要被工作負面的氣氛貶低自我的價值，如果真的無法改變，那就無所懼的換工作環境吧。

中西結合心談夢

夢的生理與病理

　　夢是一種主體經驗，是人在睡眠時，腦中產生的影像、聲音、思考或感覺，通常是無法自控的。現代醫學研究，人的睡眠是由睡眠週期所構成，可以分為五階段，前四階段屬於非快速動眼期（Non-rapid Eye Movement，簡稱 NREM），占百分之七十五的睡眠，第五階段是快速動眼期（Rapid Eye Movement，簡稱 REM），占百分之二十五。正常的睡眠週期，由 NREM 的第一階段循序進入第二階段，由淺入深至第三及第四階段，接著並不直接進入 REM，而是從深度睡眠逆向回到淺度睡眠，之後才進入 REM。REM 結束後，接著再從第一階段開始，如此週而復始。一個睡眠循環約九十到一百二十分鐘，每次完整睡眠大約有四到五次睡眠循環，總計約六到八小時；睡眠中的前面兩至三個循環，深層睡眠時間較多，而最後的兩至三個循環，大部分是停留在淺眠、作夢的狀態。

- **第一階段（入睡期）**：準備開始進入睡眠，此時大腦活動變慢，呼吸、脈搏趨於規則，會出現昏昏欲睡的情形，腦波頻率、振幅漸漸變小。
- **第二階段（淺睡期）**：屬於淺眠階段，這時腦波不規律，忽大忽小。
- **第三、四階段（熟睡及深睡期）**：進入深層睡眠，腦波的變化大，頻率、振幅增加，整個睡眠中的深層睡眠時間加總，通常

約一到二小時。

- **第五階段（快速動眼期）**：會有肌肉放鬆、眼球快速轉動，此時腦波圖和清醒及淺眠期相類似，大部分的「夢」都是在這階段發生，所以如果一整晚的睡眠有四到五個循環，表示至少會有四到五個夢，大部分的夢只持續五到二十分鐘。

睡眠循環

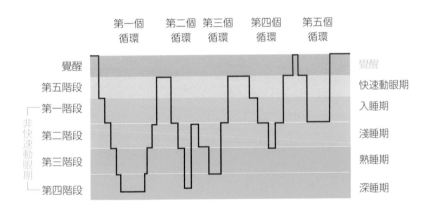

不同睡眠週期的夢

睡眠中每個階段都是必要的，「夢」也是正常睡眠週期中的一部分，它能夠幫助大腦整理白天各種人、事、物等複雜的資訊，幫助強化記憶。腦內負責邏輯和計畫的前額葉皮質，在作夢期間減少了活動，使得作夢者能在夢中自由的活動，而不用思考會發生什麼結果，

所以在夢中，什麼不合邏輯的事都可能發生（Trimble, 1989）。每一段 REM 睡眠和作夢的時間在夜晚會逐漸變長，第一段大約十到十二分鐘，第二段和第三段會增加到十五到二十分鐘，在即將醒來的那段會長達十五分鐘，當作夢者在第一段 REM 睡眠之後被叫醒，有百分之五十可以記起所作的夢，若是在即將醒來的那段 REM 睡眠期被叫醒，有百分之九十九可以記住剛剛作的夢，夢的圖像和情感愈鮮明，與回憶夢境的成功率有正相關（Takeuchi, et al. 2005）。

有些人白天少活動或是常補眠，可能導致晚上睡眠多停留在淺眠及作夢的週期，會感覺到多夢，另外夢也可能是身體或心理某些需求反應的訊號，例如睡眠時，如果膀胱內有了尿意，往往也會出現「尿急」、甚至「尿床」的夢。曾經有個喜歡釣魚的朋友跟我分享，說他夢到自己在海邊釣魚，突然間尿急找不到洗手間因此驚醒，醒來後已經尿褲子了。還有不少有呼吸中止症的病人，可能會出現被掐脖子、被追趕、呼吸不到空氣或是溺水的夢境，反應身體呼吸上出現障礙的現象。

有些人會在睡眠中說夢話，可能有哭、笑、哼歌、清楚言語或是片段言語，有時甚至可以簡短跟人對話。通常說夢話是在 NREM 的第一及第二階段出現，可能是睡眠週期被干擾，或是意識上呈現部分清楚狀態，也可能在 REM 期出現，通常不必特別因此就醫治療，但有一些跟夢有關的少見睡眠疾患比較需要注意。

 **特殊睡眠行為**

快速動眼期睡眠行為疾患（REM Behavior Disorder）

常在中老年男性身上發生。曾經有位中年男性病人就診，太太主訴他白天個性溫和，但晚上睡著後有時會講粗話，比手畫腳，甚至某一天晚上，睡夢中突然揮拳，一拳打到太太的胸口。

這類情形，身體肌張力抑制的機制出了問題，通常會出現與夢境相關的言語或複雜的運動行為，持續時間少於六十秒，可能和腦神經退化、酒精或安眠藥物戒斷有關。

有快速動眼期睡眠行為疾患的病人，往後罹患帕金森氏症或其他神經退化疾病的機率，會比一般人來得高，藥物治療通常可以有效控制這些異常的行為，臨床上常用一種抗癲癇藥物及安眠藥物Clonazepam（利福全）作為首選藥物。另外，若病人同時合併有週期性肢體動作或帕金森氏病，使用抗帕金森氏病藥物Levodopa（美道普）的效果也不錯。但要注意的是，身邊如果有這樣的病人，睡眠時要記得保護病人及自己的安全。

夢遊症（Somnambulism/Sleepwalking）

夢遊症是一種神經學上的睡眠障礙，症狀一般是在半醒狀態下，出現在房間內走動、離開房間或做出一些危險的舉動，如爬窗、開車，甚至一些暴力活動，如攻擊他人等。而在夢遊的過程中，病人眼睛是張開的，讓旁人誤以為病人是清醒的，而且可以回答一些簡單的

問題或命令；夢遊時間大部分從幾分鐘到一小時。大約有百分之一到百分之十五的人有過夢遊經驗，最常見於五至十二歲的孩童，成年後症狀會逐漸消失。

夢遊結束後，往往對夢遊中所發生的一切都會忘了，主要發生在睡眠的前半段，也是 NREM 深層睡眠的階段，所以跟在 REM 期所作的夢是不相關的。

關於夢遊的原因，至今仍無法確知，普遍認為還是受基因遺傳及心理壓力等因素所影響，也有研究發現，通常與抑鬱症、焦慮症和強迫症等精神疾病有關。

要注意的是，有些病人在服用某些安眠藥物後會出現夢遊行為，此時需要儘早跟醫師討論，調整適當的助眠藥物；要減少夢遊的行為，還是以改善睡眠的習慣為主，調整睡眠環境，最後才考慮藥物的治療。

從中醫角度看夢遊症，是屬於臟躁的範圍，與七情過度有關，病理上與心、肝、腎氣虧損、痰瘀阻滯、陰陽失調有關，常見的證型表現以及治療方法如下表：

夢遊症常見中醫證型表現及治法

	臨床表現	治法	方藥
心血虧損	夢遊者合併精神衰弱、心悸不安、易受驚恐、失眠多夢、注意力不集中、舌質白、脈細弱	養血安神	甘麥大棗湯加減
肝鬱脾虛	夢遊者合併胸悶、虛煩、抑鬱、兩脇脹滿、食少納呆、月經不調、脈弦細	疏肝解鬱養血健脾	逍遙散加減
痰火內擾	夢遊者合併心煩、口苦、目眩、胸悶、痰多、頭重、舌質偏紅、苔黃膩、脈滑數	清熱化痰	黃連溫膽湯加減
肝膽鬱熱	夢遊者合併頭痛、頭暈、口苦、口乾、急躁、易怒、惡夢、便祕、小便黃赤、舌質紅、苔黃、脈弦數	清肝瀉膽	龍膽瀉肝湯加減
瘀血內停	夢遊者合併頭痛、頭暈、胸悶刺痛、睡不安寧、舌質暗紅或有瘀點、脈細澀	活血化瘀	血府逐瘀湯加減

心理學談夢

在心理學上討論夢，一定要談到佛洛伊德的《夢的解析》一書，尤其書中提到「夢是通往潛意識的大道」，因此，改變了西方人對於夢的看法，開始正視「夢」的課題。

佛洛伊德認為，所有的夢都是有意義的，過去痛苦及被壓抑的記憶，會被隱藏在潛意識之內，意識上便失去該段記憶，而夢的內涵就是這些失去記憶的重現，也是滿足現實中實現不了和受壓抑的欲望，尤其是「性」的議題。

這些被壓抑的欲望通常並非直接表達於夢中，而是由各種可能的象徵畫面形式出現；夢是我們跟潛意識溝通的媒介，通過夢的內容能將潛意識的內容告訴自己。

♥ 佛洛伊德

佛洛伊德認為夢有兩種內容，分別是**表面內容**（Manifest Content）**和隱藏內容**（Latent Content）。表面內容就是我們所記得的夢境，而夢境下隱藏的真正含義，就是隱藏內容。例如有一位女性個案表示，最近常夢見墓園及一束白花，這就是表面內容；經過自由聯想及分析後，回想她小學時期，父母離異，之後父親再娶，隔年父親過世，在喪禮上親眼目睹父親下葬，也看到繼母送上一束白花，回想起這段遺忘已久的記憶後，發覺其中隱藏著憤恨、妒忌、悲傷等複雜情緒，這就是隱藏內容。

精神分析學派認為，經常發生的夢是有特別意義的，因為代表著潛意識中的精神鬱結，必須透過夢的解析，將你在意識層面上感受不到的鬱結釋放出來，才不會出現精神症狀。大致上來說，夢的解析是透過讓個案詳細的說出夢境的內容、情緒及感受，鼓勵對夢境回憶與自由聯想，找出與夢中情境有關的事物或人際關係，再連結個案的過往經歷及人格特徵，做出最合理的分析與解釋。

♥ 榮格

　　榮格是佛洛伊德的學生，也是影響當代心理學相當深遠的治療師，在一九一三年與佛洛伊德因理論分歧而決裂。他認為，夢的意象不單單是潛意識的素材，可能來自各式各樣的記憶，包括生活刺激、壓抑情緒、各樣記憶、日常生活、閾下知覺、心靈感應和對未來生活事件的預感；夢是通往自我整合的道路，也提供了「補償功能」，讓你知道還有這些思想在腦海中，讓你看見一個沒有被意識上覺察的經驗。榮格透過替自己及個案解夢，發現解夢不只有像佛洛伊德所說的充滿性與破壞的衝動，也蘊含更多人類心靈療癒與成長的機會（Jung, 1961/1997）。當然，大多數的夢並非是有獨特意義的，晚上的夢可能只是單純反應出近期白天生活上的情節及情緒的感受。

♥ 解夢

　　現代心理學中還有許多不同的方式，運用夢幫助瞭解自己，例如完形學派可以藉由個案在團體中親身體驗、扮演夢境的方式，來探索

及瞭解夢。美國的蒙堤・歐曼（Montague Ullman）醫師所發展出來的「歐曼讀夢」團體，運用團體中成員的投射及思維，協助作夢個案瞭解自己夢境和生活脈絡的連，擴展對夢境的觀點。無論是哪種解夢方法，都能藉由探索潛意識夢境的過程中，進行深入諮商或治療，透過不斷的反思，更全面完整的理解自我，幫助人們改變自己，重新調整思維，以及與他人的關係。

中醫談夢

在中國古代文獻中，把「夢」視為「覺」的相對立面，夢是在睡眠時出現的一種自覺現象，是一種淺意識狀態，屬於正常的生理現象。大家都聽過周公解夢吧，據《周禮》記載，睡眠中有六種夢：

> **正夢：**「正夢者，無所感動，平安自夢也。」

在沒有內外因素刺激的情形下，心無雜念、平靜安詳的自然之夢，說明身體健康，沒有任何疾病或厄運預兆，無須擔憂。

> **噩夢：**「噩夢者，驚愕而夢也。」

分為三種：第一種是因為對人的擔憂所引起；第二種是反應人的身體不健康，例如有肺部疾患的病人，常會夢見胸部被壓、喘不過氣；第三種是對外來事件的預兆，但吉凶難定。

> **思夢：**「覺時有所思念而夢。」

由思念、追憶引起的夢。

寢夢：「覺時道之而夢。」

　　有兩種，一種是指因覺醒時所接觸事物而引起的夢，另一種指的是白日夢。

喜夢：「喜悅而夢。」

　　因喜好或歡愉而引起的夢，或是喜好作夢。中醫認為若是多夢多屬於病態，可能因心氣血虛，心失藏神，或因臟腑失和、影響心神而致病。

懼夢：「恐懼而夢。」

　　由驚嚇而引起，也可能是莫名恐懼的夢。

♥ 夢境反映心境

　　魏晉時的《解夢書》說「夢者象也，精氣動也；魂魄離身，神來往也；陰陽感也，吉凶驗也」，認為夢也是精氣流動的一種形式，是人在睡著後魂魄出遊，腦神所感知到的事物。東漢時期的王符認為「人有所思，即夢其到；有憂，即夢其事」，就是日有所思，夜有所夢的意思，人在白天清醒時常常思考某件事物，睡眠期間就會夢見思念或想像的事物。明代醫家陳士元提出「情溢之夢」的說法：「過喜則夢開，過怒則夢閉，過恐則夢匿，過憂則夢嗔，過哀則夢救，過忿

則夢晉，過驚則夢狂。此情溢之夢，其類可推也。」這段文字的意思是說，過度的情緒變化都會引發作夢，並影響夢的內容。過度喜樂產生的夢境，多是情境開闊的夢，多數情況下，多是歡樂的夢，但有時可能是以一個情緒相反的夢呈現；但過度憤怒導致的夢，常常在夢中呈現壓抑情境，或夢到白天清醒時，必須壓抑自己的思維行為；過度憂愁產生的夢境，多半與所憂慮的事有關；過度悲哀產生的夢境，多半夢到與悲傷的人事物有關，或是夢到求助的夢境。總之，引發夢境的因素很多，而造成憂鬱、憤怒、恐懼、喜悅等夢境，十之八九是與白天的情感和思念有關。

 ## 解釋夢境

　　中醫解釋夢境已有數千年的歷史，以中醫陰陽五行學說、臟腑情志理論及形神合一等觀點建立而成的方法，可稱之為「夢診」或是「釋夢」。中醫學認為，陽主動，陰主靜，白天陽氣運行於外，推動人體的組織器官進行各種機能活動，夜晚陽氣內斂，輪至陰氣運行。陰陽並非對立，而是相對的概念；白天陽氣盛，但陽中也有陰，例如在白天休息片刻之時；夜晚陰中也有陽，例如作夢，夢常是在陽弱陰盛時發生。睡夢的產生與「魂」密切相關，所以古代文學中，夢又稱「夢魂」，夢的本質是心神處於不同狀態下的特殊表現，正所謂「夢為心動」。在《黃帝內經‧太素》書中將夢分為三類：「凡夢有三種：人有吉凶，先見於夢，此為徵夢也；思想情深，因之見夢想，此為想夢也；因其所病，見之於夢，此為病夢也。」

- 第一：**徵夢**，就是指能預見未來吉凶禍福的夢。
- 第二：**想夢**，它與《周禮》記載的思夢類似，是人在意識狀態中，精神情志的反映或宣洩。
- 第三：**病夢**，因病而夢，是人體陰陽不調或臟腑對外界刺激的反映。

隋朝醫家楊上善提出夢診的概念，中醫學可以透過夢診來了解人體內臟腑及心理狀態，內容包括分辨夢的成因、夢的情境、夢的質量，釋夢可以用直解、轉釋、反解等方式來解釋夢。

夢診與釋夢

夢的成因

　　中醫將夢分為**生理性**和**病理性**兩大類，生理性屬於良性的夢，與疾病無關，可幫助人達到心理平衡、情緒疏泄、預測情境等作用，就像是《周禮》中的正夢；病理性夢的產生則要區別是外邪環境干擾，還是內在五臟陰陽失調所導致。

> ### 外邪環境干擾所造成的夢

　　中醫所謂外邪環境所造成的夢，指的是因外在因素通過視覺、溫覺、觸覺、聽覺、味覺、嗅覺、痛覺等感覺器官所引起的身體不適感受。另外，不當的睡姿、不良的生活習慣（如憋尿、睡前飽食等）等，都會干擾夜眠而導致作夢。《黃帝內經‧靈樞‧浮邪發夢》書中提到：「厥氣客於心，則夢見丘山焜火；客於肺，則夢飛揚，見金鐵之奇物……客于胃，則夢飲食……客於胞直，則夢溲便。」中醫把夢境跟臟腑功能做連結，例如如果心臟出現病兆或不適，就會夢見山丘火焰；肺臟出現發炎或壓迫，就會夢見飛揚騰越，或是夢見金屬製品等奇怪的東西；夢到暴食或飢餓狀態，可能與腸胃功能失調有關；夢見莫名大小便，則跟膀胱和直腸功能異常有關；如果睡覺環境的空調溫度過低或風扇強度過大，導致人體受到風寒溼邪，也可能會夢見自

己穿著薄衣，接受風吹雨淋，或獨自一人到高山、湖泊等寒冷環境孤獨旅行等夢境。

五臟陰陽失調所造成的夢

中醫認為陰陽平衡、陰平陽祕為人體的正常生理狀況，如果陰陽失衡，夢境的表現也會不同，《黃帝內經·靈樞·淫邪發夢》書中提到：「陰氣盛，則夢涉大水而恐懼；陽氣盛，則夢大火而燔灼；陰陽俱盛，則夢相殺。」如果一個人的陰氣太盛，可能會夢見自己恐懼的渡過大河流；如果陽氣太盛，可能會夢見大火的情境，感受到灼熱；如果陰陽二氣俱盛，可能會夢見互相格鬥殘殺的畫面。

有些夢會反映人體陰陽失調或臟腑的病理現象，《諸病源候論》提到：「夫虛勞之人，血氣衰損，臟腑虛弱，易於傷邪，邪從外集內，未有定舍，浸淫於臟不得定處，與榮衛俱行，而與魂魄飛揚，使人臥不得安，喜夢。」此段文字指出了多夢與臟腑虛弱的關係。

《黃帝內經·靈樞·淫邪發夢》書中提到：「肝氣盛則夢怒，肺氣盛則夢恐懼、哭泣、飛揚，心氣盛則夢善笑恐畏，脾氣盛則夢歌樂、身體重不舉，腎氣盛則夢腰脊兩解不屬。」肝氣盛的人，會夢見發怒；肺氣盛的人，會夢見恐懼、哭泣；心氣盛的人，會夢見嬉笑或恐怖畏懼；脾氣盛的人，會夢見唱歌歡樂或身體沉重而不能動彈；腎氣盛的人，會夢見腰與脊背分離不相連接；意思是，臟腑失調也會引發不同夢境。

釋夢

中醫常用的釋夢方法，大致包括以下幾種：

陰陽五行配合臟腑類推法

根據夢境內容物的陰陽五行屬性，在相配對應的五臟，進行綜合性的解釋，例如夢到白色或金屬事物，五行中的金與白色，接對應於五臟中的肺，在夢診時，可從肺部相關狀態做聯想，評估是否合併肺氣虛證型。

求全還原法

根據日有所思、夜有所夢的想法，將夢境與現實生活中的人、事、物、心理活動做連結，再對夢境做新的解讀，如此一來能將各種奇特的夢境透過還原，從現實中找到相對應的情境及困境。例如有位女性個案表示，近期常夢到在路上遇到野狗對自己亂吠，或與另一野狗相互攻擊，常因此被嚇醒。經過求全還原法可以從探索亂吠、相互攻擊發現到，夢中的這些感受，反映了近期現實生活與先生時常出現口語衝突，討論到離婚事情，時時擔心先生會不會因一言不合，出現無法預期的暴力事件。在會談中，從夢境探索到現實生活壓力事件的心理調適，之後，夢境便不再出現，睡眠品質也獲得改善。

直解

　　把某個夢境直接解釋成夢境所預兆的事，例如武王夢見三神要他去討伐殷紂，武王就依夢出兵伐紂；現實生活中，也有人因為先夢到有個小嬰孩而去婦產科檢驗，果然發現自己已經懷孕。

轉譯

　　把夢境做一定形式的轉換後，再去解釋夢所預兆的事，可以透過將夢境中的事物與生活所思的事做連結。例如一女性因為處在適婚年齡，雖然認識許多異性，但始終找不到適合的對象。在一次夢境中夢到一把寶劍，在解夢過程中，讓她自己對劍所象徵的含義進行解釋；在她把劍與軍警做了連結後，才想到自己近期剛認識一名軍官，但因工作不同，所以接觸不多，但在解釋完夢境後，她便主動創造與軍官的互動機會，一段時間之後，也真的交往了。

　　轉譯也可以將夢境的某個特點做放大類推，例如登高反映達到高成就，但也可能是高風險；夢到旅途塞車，可能解讀為諸事不順，還有一種是透過把夢境中的圖像、數字或是符號，經由對陰陽、五行、易經八卦的專業知識，轉譯成可解讀的卦象。

反解法

　　依照夢境所呈現的內容，做相反的解釋。

整體來說，中醫的釋夢，有一套符合中醫理論的解釋邏輯，比較傾向把夢境視為身體狀況與生活事件之預兆，因此，有時仍會有點牽強，穿鑿附會，脫離客觀的實證。

結合心理治療的釋夢

　　無論用何種理論或方式去釋夢，夢的闡釋都會對個案產生很大的後續影響，所以不能隨意的闡釋夢境。另外，還可以在釋夢過程中，加入心理治療的元素與技巧來幫助個案，中西結合心療法的其中一個目標，是將情志的陰性面轉至陽性面，在釋夢也是如此，目標是將較負面的陰性夢境，轉至有正能量的陽性夢境。

　　舉例來說，古代有兩位進京趕考的考生，在出發前，兩人作了相同的夢境：在寒冷的冬天，獨自一人在白茫茫的雪地上，冒著大風雪，看到一株嫩綠的小幼苗。隔天，他們將夢告訴他們的妻子，甲生妻子回應說：「糟了，這是不祥之兆啊，代表赴京過程充滿風險，這大風雪豈不是要把你這幼苗凍死嗎？」甲生聽完後，覺得有道理，心中預期此次考試無望，萎靡不振，之後果然落榜應證夢境。反之，乙生妻子聽完之後，先是運用**抒情順心法**，讓乙生抒發心中對考試的擔憂，同時給予充分同理與傾聽，之後再用**暗示情志法**回應說：「這應該是個好兆頭喔，在如此寒冷的冬天，加上有大風雪，雪地上還能長出嫩綠的幼苗，這代表你比其他考生更有耐力，更有生命力啊！」乙生聽完，信心大增，更加苦讀，遇到逆境就愈努力，果然最終考取功名，衣錦還鄉。乙生妻子用了抒情順心法及暗示情志法，就可以把一個看似負面的陰性夢境，解讀成具備正能量的陽性說法，達到心理治

療的目的。

　　我們從結合中醫、西醫及現代心理學來看，夢是大腦處在普遍抑制的狀態下，局部大腦細胞出現的興奮活動，反映一個人的心理及生理活動。從中西結合心取向的治療來看釋夢，首先需要全面瞭解個案的各項基本資料，包括年齡、性別、工作、家庭、成長經歷、健康狀態、性格特質及情志狀態；在心理上可以善用現代心理學的知識，來探究意識與潛意識之間的關聯，在解夢過程中，從追尋自我到自我療癒，也可以加入心理治療元素達到特定的治療效果；在生理上，可以運用中醫理論，時時注意夢境與臟腑功能狀態及情志變化的關聯性。夢的身心兩面不能分開來談，才能做出最全人客觀的夢境判斷。

中西結合心保養

壓力的情志流動與健康關係

　　壓力是什麼？從生理心理的角度來看，無論來源為何，只要是讓我們產生一些負擔的知覺感受、甚至身心不適的反應，便是壓力；壓力源可能來自人際間的壓力、外在事物的壓力或是為了滿足自我需求的壓力。當我們的知覺感受到壓力後會啟動下視丘的一系列反應，後續包括**自律神經系統**及**內分泌系統**。

♥ 自律神經的壓力反應

　　自律神經系統包括**交感神經**（Sympathetic Nervous）及**副交感神經**（Parasympathetic Nervous），交感神經像是陰陽理論中的「陽」，負責調動、增強身體能量以應對環境壓力，當我們感受到壓力威脅時，便會造成心跳加速、呼吸加快、腸胃蠕動變慢、體溫上升、流汗、血壓升高等現象，人在急躁動怒或過度興奮時，交感神經（陽）就會過度表現，出現中醫所謂的「陽亢」狀態，精神上容易呈現亢奮暴怒的情形；副交感神經像是陰陽理論中的「陰」，作用則是降低器官系統的活動力，像是心跳變慢、呼吸平穩、腸胃蠕動變快、血壓下降等現象，使身體能處於休息及睡眠的狀態。副交感神經（陰）功能若是太弱，就會出現中醫所謂的「陰虛」狀態，影響到食物的消化、營養吸收及睡眠的品質，若是過於興奮，則常有過敏性疾病或是自體免疫疾病。當一個人長期處在壓力的狀態，就容易造成自

律神經失調，也就是交感與副交感神經系統失調，甚至產生內分泌系統失調，例如心悸、胸悶、心跳加速、手抖、手足麻痺、頭痛、眼睛疲勞、口乾舌燥、喉嚨異物感、呼吸困難、關節乏力、多汗、腹瀉、噁心、便祕、頻尿、耳鳴、陽痿、失眠等症狀。

壓力的身心反應循環

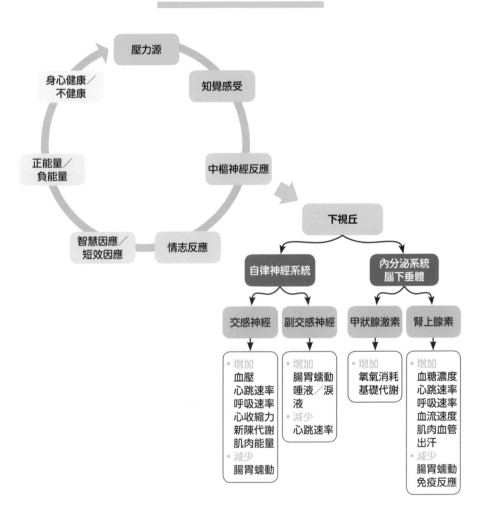

♥ 杏仁核的壓力反應

當中樞神經系統產生反應後，也會啟動大腦邊緣系統（Limbic System）裡的杏仁核（Amygdala）及大腦皮質，產生後續情志的反應。**杏仁核是大腦中一個掌管壓力與情緒的地方**，在生物的原始設定中，一旦判斷環境有危險，就會啟動的最基本求生存的本能反應——反擊或逃跑模式，以利隨時應付周遭的威脅；但人類不是只有杏仁核會影響情緒，像是大腦皮質中的眼眶額葉皮質（Orbitofrontal Cortex）也是一個與學習、解決問題、解讀社交行為與情緒的重要部位，可以調節杏仁核的活化程度（Van der Kolk, 2003）。

一個人若是在安全的依附環境中成長，較少遇到無預期的驚嚇或恐懼事件，杏仁核自然較少過度活化，大腦皮質區也能有更多機會，學習到理智判斷及更好的壓力行為反應，也就是逐漸增強腦神的功能。但若是兒童時期經歷許多的負面經驗，會讓孩子在成長時，腦神需要一直保持警戒，隨時觀察周圍是否有任何威脅，而時時處在一種充滿壓力的警覺狀態，好像處在隨時要啟動反擊或逃跑的備戰模式，導致杏仁核長期處在過度警覺的狀態。而持續的過度警覺狀態會影響眼眶額葉皮質的活化，其他研究也發現兒童時期負向經驗分數較高的人，大腦前額葉的灰質（Gray Matter）會較少，這也會影響到做決策和自我調節情緒的能力（Nakazawa, 2015）。

整體來說，兒童時期過多的負向經驗會使得腦神無法好好的發揮功能，解讀外界訊息的真正威脅程度。因此兒童期可能會出現無法專注，會因為遇到一點點挫折事件，就出現較強烈的情緒行為反應，例如暴怒、罵、丟椅子、打人等，也可能出現逃避退縮反應，例如拒

學、逃避等。成年期可能會對旁人無意的一句話或動作，做出過大的情緒行為反應；而給人的感覺是做事衝動，情緒管控能力差，只想眼前事而無法預期現在的行為，會造成未來的什麼後果。過去研究發現，酒藥癮個案普遍有衝動成癮行為，情緒控制能力較差，只想到眼前先獲取藥物後會得到的歡愉或舒服的感受，而不去思考使用藥物後所造成的長期不良的後果，這與他們在兒童時期所接觸到的負向經驗有關，也跟腦神功能發揮不良有關。

 ## 智慧因應 vs 短效因應

當情志反應出現後，接下來就看要使用**智慧因應方式**，還是**短效因應方式**。智慧因應方式能讓人將陰性情志面轉向陽性情志面，進一步產生正能量，增加免疫能力與環境適應能力，促進身心健康並獲取更多的價值成就感。至於短效因應方式，我不說無效，是因為我覺得任何因應方式，都是為了解除當下壓力的一種方式，只是這種因應方式的效能較短，長期下來仍會累積身心的壓力，造成身心的負擔，因而走向亞健康及引發身心疾患。

智慧因應與短效因應的差別

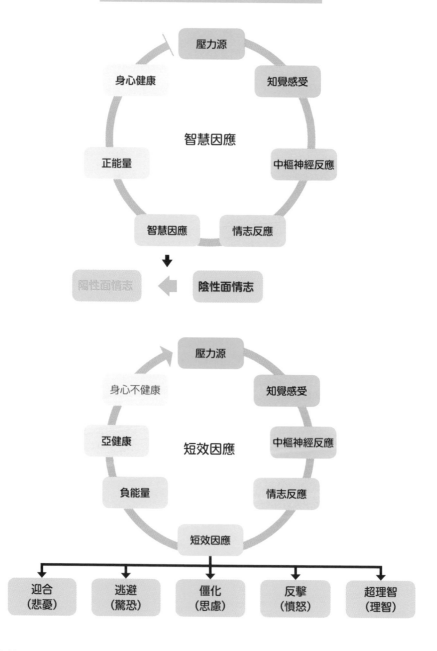

📍 理想 vs 不理想的情志流動

關於情志反應與因應方式間，可以下頁圖來說明我的情志流動想法。在理想的情志流動中，當我們遇到任何生活壓力事件時，通常會先產生陰性面的情緒感受，之後在腦神的思維中，運用個人的智慧轉變為陽性面的情緒感受，進一步產生具有正能量的行為反應，整個過程有點像是情緒空氣清淨機，髒空氣就像是壓力帶來的陰性面情緒，腦神的能力就像濾網，濾網功能好，自然就能排出新鮮的空氣。

舉個簡單的例子，當 A 同學看到自己的小考成績不及格時，當下的直覺情感可能有：一開始看到意料之外的成績時的驚訝，分數不及格的難過，以及回家被父母責罵的焦慮；但在經過較具智慧的思維後，內心告訴自己，還好這只是小考，這次的不及格正好提醒自己有哪些缺點，可以趕快檢討複習，誠實跟父母親說自己的訂正計畫，應該會得到支持，期許自己下次不會再錯同樣的題目。這個過程從原本驚訝、悲傷及焦慮的陰性面情緒，隨著有智慧的意志過濾後，轉為陽性面的情緒，最終產生正能量反應的行為，也降低了原本的負面壓力。

那不理想的情志流動又是如何呢？舉另一位 B 同學的例子，當B 同學遇到跟 A 同學同樣的情況時，也出現驚訝、悲傷及焦慮的陰性面情緒，但一想到之前媽媽看到不好的成績會罵他，說他怎麼這麼笨，爸爸甚至會打他，之後不理他。父母後設溝通似乎就是說：「你成績表現好，我們就很開心，你考試成績太差，我們就不愛你了。」於是，B 同學的認知就也會出現「我考試成績差，代表人生就完了」、「我如果沒有達到父母的期待，父母就會生氣」等；此時腦神的濾網能力受到過去許多負面經驗的影響而受損，無法將陰性面情

緒轉成陽性面情緒,而出現氣滯現象。在這過程中,人為了求生存,
會出現一些因應行為與溝通模式,可能會有以下的情緒行為反應:

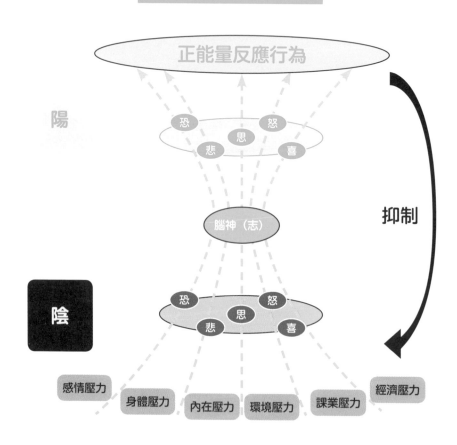

理想的情志壓力流動圖

正能量反應行為

陽

恐　怒
思
悲　喜

腦神（志）

抑制

陰

恐　怒
思
悲　喜

感情壓力　身體壓力　內在壓力　環境壓力　課業壓力　經濟壓力

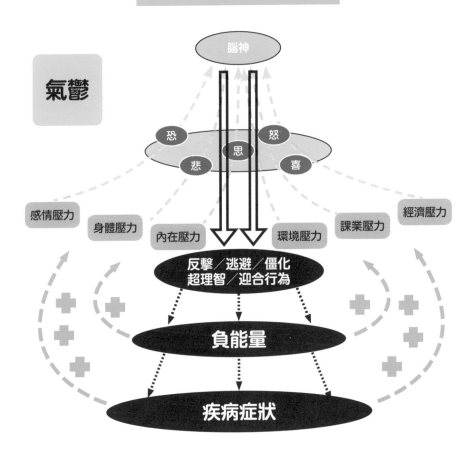

不理想的情志壓力流動圖

氣鬱

腦神

恐　怒
思
悲　喜

感情壓力　身體壓力　內在壓力　環境壓力　課業壓力　經濟壓力

反擊／逃避／僵化
超理智／迎合行為

負能量

疾病症狀

反擊行為

　　有些人在原生家庭的成長經驗裡，可能無形中學習到父母的攻擊與對抗行為，他們除了想完全控制自己之外，甚至想控制他人的情緒反應。一旦在生活中遇到衝突，會很快的重複採用對抗反擊的行為模式，避免產生自己不想面對的情境及不想要的感覺，而呈現責備式的溝通，言語態度上多是指責，容易生氣，常表達否定的意見，例如「都是你的錯」、「你從來沒有做好事」、「你到底是怎麼搞的」。長期下來習慣忽略他人感受，心理上感覺孤單，生理上可能會出現肌肉緊張、高血壓、關節炎、便祕、氣喘、下背痛等症狀。而反擊的 B 同學可能會先責怪學校考試太難、功課太多、題目不清等，把怒氣出在比自己小的弟妹，或是無辜的物品上，例如把考卷揉爛或破壞物品等。

逃避行為

　　有些人在成長過程中，學習到降低人際威脅及創造安全空間的最好的方法，就是透過情緒退縮與避開他人，來遠離具有威脅的人事物，長大後可能什麼都自己來，因為預期會遭到他人的拒絕或冷落，因此自動化的逃避，遠離可能的壓力源。這可能與內心害怕被拒絕的感覺有關，與人溝通時，容易以打岔型的回應為主，碰到問題時，習慣以逃避、打岔來轉移問題，給人感覺是心不在焉，習慣以假裝壓力不存在的方式來處理壓力，不只忽略他人及自己的感受，也忽略了當下的情境；心理上感覺沒安全感，生理上可能會出現胃部不適、糖尿病、偏頭痛、失眠、眩暈等症狀。而逃避的 B 同學可能會把考卷藏

起來，回家碰到父母當作沒有考試這件事，輕鬆閒聊別的事情，甚至會偷偷模仿父母簽名交卷回給學校。

僵化行為

　　當人面對壓力或衝突時，由於心理的不安全感，大多數的人會立即出現反擊或逃避的反應，這是源自人求生存的原始生理反應；但有的人可能無法使用，或遇到使用前兩種反應都無法減輕壓力時，就會出現僵化行為；生理上可能會出現身體緊繃、四肢僵硬、頭痛等症狀，反應變遲鈍，感覺無法動彈，感覺木呆，以逃避不想要的衝突。而僵化的 B 同學可能看到成績會不知所措，反應遲鈍，被父母問到時也不知道如何反應。

超理智行為

　　孩子在成長過程中不斷累積知識，但家中卻習慣不碰情感，這種超理智的反應模式，呈現出超理智的溝通，表達極度客觀，只關心事情合不合乎規定或正確，碰到問題時以情境事件為中心，忽略自己及他人感受，對任何感覺麻木。針對情境壓力，以理智解決衝突事件為目的，長期下來容易給人嚴厲、疏離、外表冷靜不慌亂但卻感覺很緊繃，每件事都當成不帶情感的「它」；生理上可能會出現上背痛、心血管疾病、內分泌系統失調等症狀。而超理智的 B 同學可能會沒有情緒的回答：「是這次題目太難，出得不合理，加上我沒準備好，所以才考得差，下次再準備就好」，以超理智的態度回應父母的相關問題。

迎合行為

　　有些人在原生家庭的成長經驗中，學習到用迎合順服的行為，來因應家庭中的壓力或是得到讚賞。例如看到爸媽吵架，自己學習配合及順從，以免造成更多衝突，長大後會自動運用這最熟悉的因應壓力技巧，以取悅和順應他人來與他人連結或是避免爭端，呈現迎合討好式的溝通，目的可能是為了要隔離焦慮，以及維護易受威脅的自尊；言語上多表示同意，常表達「這都是我的錯」、「好……好……我去做」、「沒問題，我照辦」，長期下來逐漸喪失表達自己想法與聲音的能力，心理上感覺無價值，生理上可能也會出現上消化道不適、血糖不穩定、偏頭痛、便祕等症狀。而迎合的 B 同學可能會一回到家就幫父母的忙，事事順著父母，被父母問到成績時，會自己主動認錯，甚至說出父母想聽的話。

　　每個人生活中都一定有壓力，而防衛機制也能保護我們免於承受更多的壓力，即使是健康的人，也會在某些場合中出現前述的五種壓力因應行為與溝通模式。適當的使用也有助於環境的適應，因此生活上可以作為一種彈性的應對策略，用來因應難以應付處理的人際與情境壓力。但這些因應行為多少都會產生氣鬱，短時間內或許能減輕壓力，達到適應環境的效果，但長時間過度使用下，會累積更多的負能量，久了便會出現身心症狀與疾病，進一步會又增加壓力。

中西結合心取向，保養身心與助人

　　中醫診斷是從一個人的整體角度來看，是基於「象」；「象」就是現象，病人所呈現的現象就是「證」。西醫強調的是「物」，「物」就是實質，要診斷病人是否罹患疾病，要在實質上找到改變，例如肺炎的診斷，除了臨床症狀診斷外，必須要有放射線學診斷（如胸部 X 光檢查出現肺部浸潤的現象）以及病因的診斷（如血液檢驗出現異常，呈現發炎反應及培養出感染菌等），找出病原菌後才能針對病原菌給予藥物治療。然而在西方醫學中的精神醫學，算是最接近中醫的診斷方式了，在西方精神醫學診斷的過程中，重視病人所呈現的症狀，主要是依據會談中所蒐集的症狀加以評斷後，進行診斷，例如依據 DSM-5 精神疾病診斷準則手冊診斷嚴重型憂鬱症，主要是要在兩週內出現：（1）憂鬱情緒，或（2）失去興趣或愉悅感其中之一，加上同時出現符合準則中的九項症狀中的五項以上，並造成先前功能改變。準則中並不需要放射線學診斷及實驗室檢查即可診斷，需要的是透過醫師的詳細問診，病人主觀的描述症狀，重要他人的觀察與會談當下的客觀發現。

DSM-5 嚴重型憂鬱症之診斷準則

A：在任何兩個星期內要有下列至少五項症狀同時出現，造成先前功能改變，且包括（1）憂鬱情緒或（2）失去興趣或愉悅感。

（1）幾乎整天且每天心情憂鬱。

（2）幾乎整天且每天對所有活動降低興趣或愉悅感。

（3）有明顯的體重增加或減少（一個月內變化超過 5％）。

（4）幾乎每天失眠或嗜睡。

（5）幾乎每天精神動作激動或遲緩。

（6）幾乎每天疲倦或無精打采。

（7）幾乎每天自我覺得無價值，或是有過度或不恰當的罪惡感。

（8）幾乎每天思考能力或是專注力降低或是猶豫不決。

（9）反覆想到死亡，反覆有自殺意念而無具體計畫，或有自殺舉動，或是有具體的自殺計畫。

B. 症狀造成臨床上顯著的苦惱或社交、職業或其他重要領域功能的減損。

C. 症狀不是因為受到物質或其他疾病所造成。

D. 症狀無法以其他精神病症做更好的解釋。

E. 從未有過躁症或輕躁症發作。

♥ 望、聞、問、切，診斷心理疾病

元代名醫朱丹溪在《丹溪心法》中提到：「欲知其內者，當以觀乎外；診於外者，斯以知其內。蓋有諸內者形諸外。」在古代沒有抽血檢驗、放射儀器的佐證診斷下，中醫認為人體內在的病理異常變化，一定會在生理、心理活動上表現出來。中醫診斷心理疾病，主要是依據傳統的四診方法，即**望、聞、問、切**四診，診斷過程中也很重視心理及社會的因素。在《黃帝內經・素問・疏五過論》中提到，診斷時必須注意病人所經歷的人事變動、情緒波動等因素，若是不明白病人的內外在致病因素對人的影響，是重大的過失，也無法對疾病做出正確診斷及治療。如同西方精神醫學在診斷病人是否有心理疾患時，同時會重視生物及心理社會層面；精神診斷會談就像中醫的問診，唯有準確的問診才能有精準的診斷。

清代的中醫曾出現重切診而忽略望、聞、問三診的現象，這與現在西醫其他科別，因為科技儀器的發達而愈來愈依賴檢驗報告的診斷而忽略了基本望、聞、問、切診察的情形相似；清代林之瀚為了糾正當時社會上過於強調切診的現象，在《四診抉微》中以望診為四診之冠，之後分別敘述其他三診，強調《素問》、《難經》書中的望、聞、問、切四診之次序。

罹患身心疾病的病人往往心思較為敏感，情感較為脆弱，中醫診察心理疾病時更要注意四診：「望」病人眼神臉色體態；「聞」傾聽病人情感，並聽出弦外之音；「問」病人的症狀變化；「切」一般在中醫是指脈診與按診。

在精神醫療中，對於精神病人的肢體接觸，需要特別注意，要衡

量該肢體接觸是否為必要的檢查過程，對病人有無助益，也要思考該肢體接觸是否會對病人產生不同的心理意義，建議接觸前都要先徵求病人的同意。針對身心疾病，問診算是在四診中最重要的，因為可以藉由問診的過程收集到最多的精神症狀，這些是無法從其他三診方式得以瞭解的。在明代張景岳總結過往醫家問診經驗，在《景岳全書》中提出十問，內容包括「一問寒熱二問汗，三問頭身四問便，五問飲食六問胸，七聲八渴俱當辨。九因脈色察陰陽，十從氣味章神見。」後人把末兩句改為「九問舊病十問因，再兼服藥參機變，婦女尤必問經期，遲速閉崩皆可見，再添片語告兒科，天花麻疹全占驗。」

♥ 問診的起、承、轉、合

　　古代中醫師的問診主要還是以生理症狀為主，然而面對現代的身心疾病患者，由於病人的精神狀態會影響醫者的溝通與判斷，所以在問診身心疾患時需要更多的技巧及有架構的評估，家屬及周遭瞭解患者的人的資料收集也十分重要。我整合中醫的問診要點及現代精神醫學的會談重點，以**起**、**承**、**轉**、**合**四階段來敘述各階段的問診內容，可以提供的心理助人的工作者參考。

起（建立關係期）

　　醫病關係也是一種特殊的人際關係，醫病關係是否良好會決定後續治療的順從度及治療效果；醫病關係的好或壞，則會取決於面談溝通的品質。精神科的醫療面談（Interviewing）與一般生活寒暄聊天不同，除

了談表面的生活事件之外，多了探索認知及內心感受的部分，也與一般醫療病史詢問不同，不只收集生理醫學上的資訊，還需要釐清精神心理的症狀，醫病雙方的互動會談甚至會更強調以個案為中心。

在與個案面談前，要先注意以下幾項：

（1）治療師要先確立此次目的主要是診斷為主，還是心理治療為主。經驗較豐富的動力取向治療師，會在評估診斷中合併部分心理治療。

（2）預計會談的時間有多少，這決定會談的節奏架構以及會談的深度，時間也不宜太久以免因注意力不佳而影響效果。

（3）面談地點是否安全，這包括彼此的人身安全，如果遇到有攻擊風險的個案，能及時逃離並尋求協助。

（4）談話時的環境是否足夠安靜，能夠放心說出內心的隱私，面談時與個案保持適當的距離，以減少論及隱私時的不安全感。

在開始詢問前，彼此的眼神交會以及肢體的動作，在部分個案的內心裡可能就會產生對醫者的特別觀感及想像了，甚至個案在網路上收集醫者的背景時，就已經產生主觀的想法了。但關鍵還是在初步接觸的經驗，所以面談前一定要先放鬆自己的身心狀態，自己身心狀態不好一定會影響會談的品質；一開始最好主動與個案打招呼，主動介紹自己是誰（例如：你好，我是○○○，很高興認識你，有什麼我能幫忙的呢？），也可以關心當下的狀態（例如：空調會不會太冷？椅子坐得舒服嗎？），展現醫者對個案的關心，也讓個案能以較輕鬆舒服的方式開始與醫者會談。如果個案沒辦法主動清楚表達求醫的需求，可以用較結構的會談問句開場，主動詢問個案的基本資料，包括

家庭史、工作學歷、生活習慣、過往病史、家庭互動關係、疾病藥物史、過敏史、物質使用史（菸、酒、毒品等）、此次就診原因及相關醫療經驗等；問診過程中需要積極的傾聽，配合適時的同理，目標是藉由詢問個案，讓個案覺得有被醫者重視的感覺，得以建立良好醫病關係，這有助於後續的問診階段。

承（釐清症狀期）

在瞭解個案背景及相關資料後，下一步便是依照個案就診的原因，進一步探索詢問，運用的技巧包括語意的澄清、誘導延伸症狀、釐清病史等。例如當主訴心痛，但感覺不像典型心絞痛時，就要詢問，「所謂的心痛指的是……」當面對一個常以多種身體症狀為主要訴說焦點的病人，可以詢問：「你會常常發現自己對許多事情過度焦慮或擔心嗎？或是你會常常覺得很難控制這些憂慮嗎？」遇到憂鬱個案，記得詢問最近這段時間，會不會覺得每天大部分的時間都感到憂鬱或情緒低落？會不會幾乎每晚都有睡眠的問題？比方說很難入睡，很容易醒來，過早醒來，或睡眠過多？

除了上述各種症狀的澄清，還要延伸是否有其他症狀，如問「還有呢？」，同時對於重要的症狀，可用五個 W 來做延伸及更瞭解病情的整體樣貌，包括「Why，What，When，Where，How」。例如當個案提到心情很低落甚至想自殺時，可問：

（1）Why：是什麼原因讓你感到低落，以及想自殺呢？

（2）What：你曾想用什麼方式自殺呢？

（3）When：你在什麼時間會特別感到低落？哪個時間點容易出

現自殺念頭？

（4）Where：你在什麼環境下會特別感到低落？哪種情境會有
自殺念頭及衝動？

（5）How：你如何面對自己的心情低落及自殺的想法？有想過
如何幫助自己嗎？

轉（擴張探索期）

在釐清精神症狀過程中，若是遇到較嚴重的精神病人，也要判斷
其認知能力是否有障礙；認知功能包括判斷力、定向感、記憶力、抽
象思考、計算力等。

（1）**判斷力**：指的是能正確去判斷一個情境，並採取適當的應
對行為。

（2）**定向感**：包括對人、時間和地點的定向感；認知功能障礙
者通常會先從時間、地點開始出現障礙，最後才
是對人。

（3）**記憶力**：包括短期、中期、長期記憶及學習能力；記憶力
有障礙時可能會出現在失憶症（Amnesia）；若
是在某一時間點「前」的事件記憶喪失稱為回溯
性失憶症（Retrograde Amnesia），若是在某一
時間點「後」的事件記憶喪失稱為前述性失憶症
（Antegrade Amnesia），有的病人為了填補其記
憶力缺失而說出不實的內容，這稱為**虛談現象**
（Confabulation）。

（4）**抽象思考**：指的是能夠適當使用隱喻或假說的能力。

（5）**計算力**：不只評估計算能力，同時也評估注意力。若是懷疑有認知功能障礙，可再進一步做簡易精神狀態檢查（Mini-Mental State Examination，簡稱 MMSE）。

針對評估認知能力的常用詢問句：

（1）**判斷力**：如果發現你所處的環境失火了，你會怎麼做？

（2）**定向感**：請問現在的時間（年、月、日）、所處地點是？你認識旁邊這位陪你來的人嗎？

（3）**記憶力**：請你記一下我唸的三樣東西（香蕉、鎖匙、腳踏車），待會會再問你；你知道現任及上任總統是誰嗎？能不能說出最近一則新聞呢？

（4）**抽象思考**：請問你知道「無風不起浪」或「愚公移山」是什麼意思嗎？

（5）**計算力**：請嘗試著計算「$100 - 7 = ?$」，連續減 5 次，再把每個答案說出來。（評估計算的時間及錯誤率）

若是在前面會談時判斷認知能力正常，到這個階段，可以直接多探索病人過往的成長經驗與重要的生理、心理社會事件與症狀的關係，試圖找出影響精神症狀的前驅因子、誘發因子、保護因子，以及加劇因子，其中包括瞭解其人格特質。

人格，指的是一個人擁有一種非常穩定、持久的一套認知及情緒

的特質，他和其他人的互動反應，都可以用過往的慣用模式加以預測，但也可能會受到時間、生活經驗或是為了適應外在環境而產生變化。人格功能組成包括自體（Self）及人際（Interpersonal）功能兩個部分。自體的部分要評估自我認同與自我導向，人際的部分要評估同理心與親密感。人格障礙症患者的內在經驗與持久的行為模式，會顯著偏離其個人所處文化的預期，並表現於認知、情感、人際功能與衝動控制。

針對瞭解自體的常用詢問句：

（1）**自我認同（Identity）：** 你覺得你瞭解自己嗎？說說看，你對自己的看法如何呢（自尊）？偏自信還是自卑？

（2）**自我導向（Self-direction）：** 能不能說說，你過去、現在與未來的生活規劃目標呢？

針對瞭解人際的常用詢問句：

（1）當和其他人相處時，比如家人、朋友，他們認為你是個怎樣的人？你們的相處模式如何？角色？（順從？孤僻？多疑？怪怪的？強勢？固執？挑戰權威？衝動？逃避？依賴？）

（2）朋友多嗎？想不想交朋友？覺得和人交往會特別緊張嗎？會不會覺得很難和他人維持穩定的關係？最久的好友維持多久？有伴侶嗎？維持多久？為何終止？

在這個階段，我們還可以加入《景岳全書》中的十問，去瞭解病人除了精神症狀之外有沒有其他主觀的生理症狀，包括畏寒、怕熱、莫名冒汗、頭頸背痠痛、胸悶、腹脹痛、便秘、腹瀉等症狀，婦女則必問月經的狀態等，這些提問重點在於釐清精神症狀與生理症狀之相互關係，比方說，常在自律神經失調的個案上發現生理症狀與心理壓力的關聯性。

合（整合回饋期）

每個人的生命故事都很長，身心症狀的發展也很複雜，不太可能一次面談就能全盤瞭解一個人，每次面談總是會結束，但也是預備下一次的開始。在前面會談收集到的資訊，可以在此時作簡單重點式的摘要總結，並與個案做確認，情感上給予支持，詳細說明自己的評估觀察，提供適合的治療選項，說明各項藥物或心理治療的作用與限制，並對個案因治療的不確定性感到擔心時給予同理，一同討論做出共同的醫療計畫決定。若是有高自殺及暴力風險，一定要讓病人知道，緊急狀況時該如何幫助自己，及提供就醫管道；結尾時可以詢問3N，包括「Now、New 及 Next」。

（1）Now：現在你在此時此地的感覺如何？

（2）New：在我們談完後，你有何新的想法及感覺？

（3）Next：下次我們可以再多聊聊……？

會談中，除了從個案描述的內容中去理解個案、做描述性評估之外，若是有動力式心理治療學習背景的治療師，也可以從動力式的方式做評估。動力式評估與一般的醫療評估的差異在於：

（1）動力式評估不單只是一問一答、蒐集症狀與診斷，本身在互動溝通中就帶有心理治療的元素。

（2）動力式評估在會談流程中更強調個案的主動性，更多的開放式問題，從個案想談的主題中瞭解個案。

（3）動力式評估過程是以一種真心好奇的態度去瞭解一個人，而不是只是診斷人的疾病樣態。

（4）動力式評估不是只專注於個案的感受，同時也強調自己的感受。

（5）動力式評估不是只評估個案內在的心理動力，還要包括洞察個案、治療師與重要他人三者之間的互動關係。

　　創立華無氏家族治療學派的吳就君老師認為，每位助人工作者宛如一棵獨一無二的樹。我想，每個人也像是獨一無二的樹，從小小的種子，經過不同的養分吸收，以及風吹雨打的體驗，慢慢的發芽成長，開花結果，形成最後的樣態。於是我根據過去的學習經驗，藉由樹的圖示整理出幾個比較重要的動力式評估要點。

　　樹的根就是對一個人自我的評估，延伸上去的樹幹、葉、果實包括了人我評估與家庭評估，治療師還要有從樹上看待一棵全樹的宏觀能力，也就是包括完整的問題評估與治療評估；這個樹狀動力式心理評估的方式，可以運用在個別、伴侶及家庭治療上，幫助助人者在評估治療時建立一個心中評估的地圖。

樹狀動力式心理評估

問題評估

個案／案家認為的問題
個案／案家認為問題的根本原因
治療師的概念化與基本假設
危機評估

治療評估

個案／案家的資源
治療師的資源
移情與反移情關係
介入目標及預期風險與效益

分化與界線程度
人際關係質量
慣用依附型態
溝通型態

人我評估　　**家庭評估**

家庭功能
三角關係
家庭角色
家庭韌力

人格評估　動機評估　→　**自我評估**　←　身心狀態　疾病程度

後記 ▶

照顧好自己，養足夠能量助人

　　中西結合心取向強調「精氣神調養身、情志調節養心」的觀念，無論中醫、西醫與心理學，目的都是為了助人，應該互相合作，充分發揮各自的長處，也互補彼此的不足，運用不同的方式，讓人避免從健康走向亞健康及疾病的程度。

　　不管你是在處在什麼角色，都要先好好照顧自己，唯有自己的精氣神充足，以及具備良好的情志調節的能力，瞭解自己情志背後的緣由，例如自己會在什麼樣的情境下出現怒、喜、思、悲、恐等情緒，出現這些情緒的底層想法及意念、自己慣用的應對模式及限制，學習智慧因應，將陰性情志面調節成陽性情志面，這樣不僅僅能全方位的保養自己的身心，還能創造良好的家庭與人際職場的關係；若是助人者，也才能有足夠的能量來幫助受困擾的個人、伴侶或是家庭。

中西結合心醫療保養角度

在日常保養上，要時時注意有沒有做到「三好動」。「三好」指的是**吃好、睡好**與**想好**；「三動」指的是**動身、動心**與**動腦**。

吃好，飲食要營養均衡，不要暴飲暴食或莫名節食；睡好，每天睡眠六到八小時，睡覺環境舒適，規律時間起床，避免熬夜或過度睡眠；想好，凡事都有好壞面，多朝好的方向去想，山不轉路轉，路不轉人轉，人不轉心轉，只要放下執著，自然會發現不一樣的天地。

動身，定期要做有助身心的休閒運動，而非只有勞動；動心，時時用心與人接觸，真誠溝通，多些情緒支持；動腦，活到老、學到老，定期學習成長，保養識神，增進待人處事的智慧。

生活中時時做到「三好動」，自然能夠避免承受過度身心壓力，讓自己處在最佳的身心狀態！

國家圖書館出版品預行編目資料

七情心療法：用心調養你的情緒溫度！：結合東方七情與西方心
理、精神醫學……所歸納出的情緒治療方法／陳淵渝◎著.——初
版.——臺中市：晨星出版有限公司，2022.09
　　面；公分.——（健康百科；60）

ISBN 978-626-320-224-5（平裝）

1.CST：心理治療　　2.CST：中西醫整合

178.8　　　　　　　　　　　　　　　　　　　　　111011803

健康百科　60

七情心療法：
用心調養你的情緒溫度！

可至線上填回函！

作者	陳 淵 渝
主編	莊 雅 琦
企劃	何 錦 雲
編輯	洪 　 絹
校對	洪 　 絹、何 錦 雲、莊 雅 琦
美術編輯	林 姿 秀
封面設計	賴 維 明

創辦人	陳 銘 民
發行所	晨星出版有限公司
	407臺中市西屯區工業30路1號1樓
	TEL：04-23595820　FAX：04-23550581
	E-mail：service-taipei@morningstar.com.tw
	http://star.morningstar.com.tw
	行政院新聞局局版台業字第2500號
法律顧問	陳思成律師
初版	西元2022年09月10日

讀者服務專線	TEL：02-23672044／04-23595819#230
讀者傳真專線	FAX：02-23635741／04-23595493
讀者專用信箱	service@morningstar.com.tw
網路書店	http://www.morningstar.com.tw
郵政劃撥	15060393（知己圖書股份有限公司）
印刷	上好印刷股份有限公司

定價 400 元
ISBN　978-626-320-224-5